中华文化风采录

金银璀璨的

【昔日瑰宝工艺】

北方妇女儿童出版社

·长春·

图书在版编目(CIP)数据

璀璨的金银 / 杨宏伟编著. 一长春：北方妇女
儿童出版社，2017.5（2022.8重印）
（昔日瑰宝工艺）
ISBN 978-7-5585-1045-8

Ⅰ．①璀… Ⅱ．①杨… Ⅲ．①金银器(考古)－介绍
－中国 Ⅳ．①K876.43

中国版本图书馆CIP数据核字(2017)第103437号

璀璨的金银

CUICAN DE JINYIN

出 版 人	师晓晖	
责任编辑	吴 桐	
开 本	700mm×1000mm 1/16	
印 张	6	
字 数	85千字	
版 次	2017年5月第1版	
印 次	2022年8月第3次印刷	
印 刷	永清县晔盛亚胶印有限公司	
出 版	北方妇女儿童出版社	
发 行	北方妇女儿童出版社	
地 址	长春市福祉大路5788号	
电 话	总编办：0431-81629600	

定 价 36.00元

习近平总书记说："提高国家文化软实力，要努力展示中华文化独特魅力。在5000多年文明发展进程中，中华民族创造了博大精深的灿烂文化，要使中华民族最基本的文化基因与当代文化相适应、与现代社会相协调，以人们喜闻乐见、具有广泛参与性的方式推广开来，把跨越时空、超越国度、富有永恒魅力、具有当代价值的文化精神弘扬起来，把继承传统优秀文化又弘扬时代精神、立足本国又面向世界的当代中国文化创新成果传播出去。"

为此，党和政府十分重视优秀的先进的文化建设，特别是随着经济的腾飞，提出了中华文化伟大复兴的号召。当然，要实现中华文化伟大复兴，首先要站在传统文化前沿，薪火相传，一脉相承，弘扬和发展5000多年来优秀的、光明的、先进的、科学的、文明的和自豪的文化，融合古今中外一切文化精华，构建具有中国特色的现代民族文化，向世界和未来展示中华民族具有独特魅力的文化风采。

中华文化就是中华民族及其祖先所创造的、为中华民族世世代代所继承发展的、具有鲜明民族特色而内涵博大精深的优良传统文化，历史十分悠久，流传非常广泛，在世界上拥有巨大的影响力，是世界上唯一绵延不绝而从没中断的古老文化，并始终充满了生机与活力。

浩浩历史长河，熊熊文明薪火，中华文化源远流长，滚滚黄河、滔滔长江是最直接的源头，这两大文化浪涛经过千百年冲刷洗礼和不断交流、融合以及沉淀，最终形成了求同存异、兼收并蓄的辉煌灿烂的中华文明。

中华文化曾是东方文化的摇篮，也是推动整个世界始终发展的动力。早在500年前，中华文化催生了欧洲文艺复兴运动和地理大发现。在200年前，中华文化推动了欧洲启蒙运动和现代思想。中国四大发明先后传到西方，对于促进西方工业社会形成和发展曾起到了重要作用。中国文化最具博大性和包容性，所以世界各国都已经掀起中国文化热。

中华文化的力量，已经深深熔铸到我们的生命力、创造力和凝聚力中，是我们民族的基因。中华民族的精神，也已深深根植于绵延数千年的优秀文化传统之中，是我们的精神家园。但是，当我们为中华文化而自豪时，也要正视其在近代衰微的历史。相对于5000年的灿烂文化来说，这仅仅是短暂的低潮，是喷薄前的力量积聚。

中国文化博大精深，是中华各族人民5000多年来创造、传承下来的物质文明和精神文明的总和，其内容包罗万象，浩若星汉，具有很强的文化纵深感，蕴含丰富的宝藏。传承和弘扬优秀民族文化传统，保护民族文化遗产，已经受到社会各界重视。这不但对中华民族复兴大业具有深远意义，而且对人类文化多样性保护也有重要贡献。

特别是我国经过伟大的改革开放，已经开始崛起与复兴。但文化是立国之根，大国崛起最终体现在文化的繁荣发展上。特别是当今我国走大国和平崛起之路的过程，必然也是我国文化实现伟大复兴的过程。随着中国文化的软实力增强，能够有力加快我们融入世界的步伐，推动我们为人类进步做出更大贡献。

为此，在有关部门和专家指导下，我们搜集、整理了大量古今资料和最新研究成果，特别编撰了本套图书。主要包括传统建筑艺术、千秋圣殿奇观、历来古景风采、古老历史遗产、昔日瑰宝工艺、绝美自然风景、丰富民俗文化、美好生活品质、国粹书画魅力、浩瀚经典宝库等，充分显示了中华民族厚重的文化底蕴和强大的民族凝聚力，具有极强的系统性、广博性和规模性。

本套图书全景展现，包罗万象；故事讲述，语言通俗；图文并茂，形象直观；古风古雅，格调温馨，具有很强的可读性、欣赏性和知识性，能够让广大读者全面触摸和感受中国文化的内涵与魅力，增强民族自尊心和文化自豪感，并能很好地继承和弘扬中国文化，创造未来中国特色的先进民族文化，引领中华民族走向伟大复兴，在未来世界的舞台上，在中华复兴的绚丽之梦里，展现出龙飞凤舞的独特魅力。

金银之源——夏商两周金银器

金银生辉——秦汉魏晋金银器

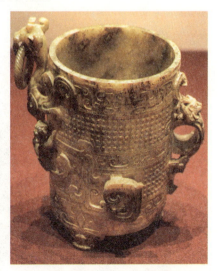

金碧辉煌——隋唐五代金银器

金银满堂——宋元明清金银器

夏商两周金银器

在甘肃省玉门夏代古墓中，发现了铸造粗糙的金耳环，这是我国发现的最早的金饰器实物。商代的金器以装饰品占主导地位，器物类相对较少。

河南省安阳殷墟遗址出土的眼部贴金虎形饰及金片、金叶、金箔等装饰，四川省广汉三星堆商代祭祀坑中，发现的金面罩和金杖等祭祀用的金器说明，金器在商代已被社会上层广泛使用。夏商西周时期还没有银器发现。

夏代火烧沟发轫的金银器

夏朝是我国历史上的第一个朝代。《史记·夏本纪》注引《集解》等书说，夏朝"从禹至桀十七君，十四世"，共471年。夏朝的主要活动地区在河南西部颖水上游和伊河、洛河下游及山西晋南地区。

与夏朝文化遗址同时存在的其他氏族、部落的文化遗址主要有黄河下游齐鲁地区的岳石文化、黄河上游的齐家文化，长江中游荆楚先民的石家河文化和长江下游吴、越先民的晚期良渚文化等。

夏朝是我国第一个奴隶制王朝，与夏朝并存的还有全国各地的氏族、部落、部落联盟。这些分布在我国的早期国家和氏族、部落集团共同发展了经济，共同创造夏代的历史。

在甘肃省玉门市清泉乡火烧沟文化遗址，有一个称为"火烧沟原始村"的地

对鸟纹金饰片

■ 原始金饰指环

方，其中"建草蓬泥屋八座"展现了河西先民的生活图景。

因遗址处于一条红土山沟旁，山沟土色红似火烧故名火烧沟遗址。该遗址中有大量新石器文化遗存，距今3700年左右，属夏朝末期，被称为火烧沟文化。

火烧沟文化遗址中发现了我国最原始的金器，主要是金耳环、合金鼻环等饰物。虽然铸造粗糙，但开了我国金银器实物之先河。

通过火烧沟遗址中发现的大量夏代青铜器和冶炼作坊说明，这里是我国夏商时代重要的冶炼中心。

我国最古老而又比较确实的地理书籍《禹贡》和《职方氏》中，有关夏朝"九州"的记载，均包括了河西走廊，从中可以看到，河西走廊全境都包括在九州之中，是夏朝疆域的西陲。

因此，河西走廊并不是华夏文明之外的蛮荒之地。很多文献展现出的是河西走廊文化的先进性，例如《新语·术事篇》上说："大禹出于西羌"；司马迁《史记·六国表》中说："禹兴于西羌"；《荀子·大略》也说："禹学于西王母国"等。

这些古代文献和火烧沟的考古资料，共同印证了河西走廊在我国夏代时期不但与华夏有着密切的联

禹 即夏禹，姒姓夏后氏，名文命，字高密，号禹，后世尊称大禹，夏后氏首领，传说为黄帝轩辕氏第六代玄孙，因治黄河水患有功，受舜禅让继帝位。禹是夏朝的第一位天子，因此后人也称他为夏禹。

《史记》 我国西汉司马迁撰写的第一部纪传体通史，是二十五史的第一部。记载了上自上古传说中的黄帝时代，下至汉武帝太初四年间共3000多年的历史。《史记》最初没有书名，或称"太史公书"、"太史公传"，也省称"太史公"。它与宋代司马光编撰的《资治通鉴》并称"史学双璧"。

古代贵族金饰品

系，而且有着最先进的文化。

火烧沟文化是羌文化，《说文解字》说："羌，西方牧羊人也。"位于夏朝西陲的火烧沟墓葬中发现的四羊头铜权杖柄、羊头柄彩陶方杯，尤其是成规格的随葬羊骨，都体现了典型的羊文化特点。

而在火烧沟文化东面的齐家文化各遗址，甚至临近火烧沟的东灰山遗址，均不见这样典型的羊文化特点。从这些遗址中的兽骨，均以猪为主，羊骨极少，因此火烧沟所在的河西走廊西部应是早期的羌文化所在地，火烧沟人应是早期羌人的一支。

尤其重要的是，火烧沟人的黄金制造水平也是高超的。火烧沟遗址中发现的齐头合缝的金耳环数量较多，纯度很高，微泛红色。

火烧沟人除了懂得如何冶炼青铜，而且能冶炼其他合金，这说明火烧沟的金属制造业已达到相当高的水平。

阅读链接

火烧沟遗址还发现了一个金属鼻环，这个鼻环是银白色的，密度较大，外表光亮。

它不会是纯银，因为银经过几千年早就氧化而发黑了，它也不会是纯金，因为金是黄色的。但有一点应是肯定的，即它是由合金制成，估计金、银是其主要成分。

展现金属之美的商代金器

商朝时期青铜工艺的繁荣和发展，为金器的发展奠定了雄厚的物质和技术基础，同时青铜、玉雕、漆器等工艺的发展，也促进了金器工艺的发展，并使金器得以在更广阔的领域中，以更多样的形式发挥其审美功能。

商代金器大多为装饰品，而最常见的金箔，多用于其他器物上的饰件，或者说，是以和其他器物相结合的形式来增强器物的美感。

商代最主要的遗址是殷墟，这里发现的金箔十分轻薄，从厚度看，当时的锤揲工艺已相当高超，也说明商代工匠对金子的延展性有了相当深刻的认识，不然不可能加工到如此微

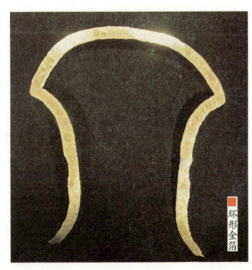

环形金箔

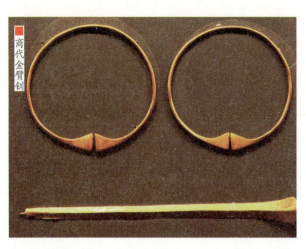
商代金臂钏

薄的厚度。

北京市平谷刘家河商墓发现了几件金器，金耳坠，通高3.4厘米，坠部直径2.2厘米，重6.8克，耳坠部呈扇形，往上由粗及细弯成半圆形，尾端收束成尖锥形；金臂钏周长约39厘米，截面直径0.3厘米，钏直径12.5厘米，其中一件重93.7克，另一件重79.8克；金簪长27.7厘米，头宽2.9厘米，尾宽0.9厘米，重108.7克，器身截断面呈钝三角形，在其尾端有一长约0.4厘米的榫状结构，可能原镶嵌有其他装饰品。

臂钏即臂环，古代称臂环为钏。《正字通·金部》上说"古男女同用，今惟女饰有之"，《南史·王玄象传》中也讲"女臂有玉钏"；由此可以看出，臂钏在早期是男女都佩戴的饰物，以后才成为女性特有的一种装饰品。

臂钏种类很多。刘家河商墓金臂钏用直径0.3厘米的金条相对弯成环形，环两端锤扁呈扇形，整体光素无纹饰，造型简洁明快。

刘家河商墓的这些金器不仅器形完整，而且发饰、耳饰、臂饰齐备，构成一个品类繁多的系列，十分罕见。

经测定，这些金器的含金量在85%以上，另有少量的银和微量铜。

从工艺上看，金簪系用范

原始金耳坠

铸法成型，金耳坠和金臂钏则是锤揲而成。造型都比较简朴，并无纹饰和其他装饰。这也是发现最早的成套金首饰。

刘家河商墓中的扁喇叭形金耳环、金簪等饰物，地方色彩十分鲜明，极有可能是商朝周边少数民族制造的饰品。

■ 原始金币

这些器物与北京、河北、辽宁等地夏家店下层文化墓葬中的金或铜质饰件形制相同，说明商代贵金属工艺的发生和发展与夏家店文化有密切的联系。

另外，在河南省安阳殷墟武官大墓中发现有环状金片，其中殷墟侯家庄一座葬坑中发现6枚包金铜泡，是用圆形金片的周边折入铜泡的背面，使金箔牢固地包在铜泡面上，方法十分巧妙，此为金箔饰铜器数例。

木器贴金的器物较多，河南省安阳大司空村一座殷墓车马坑舆上中间有3片重叠一起的圆形金片饰，直径为12厘米，有可能是伞盖上的装饰。

安阳小屯一座殷墓车马坑舆内西部出土金箔片，金箔呈南北纵列，当是鞭杆之饰。杆饰自顶端玉饰下分8节，每节用金片相对地饰于杆上，杆径约2厘米，杆末端10厘米间为手柄，没有金饰。金片长5.5厘米至6.5厘米、宽1至1.1厘米，总重3.9克。

此外，殷墟侯家庄一座墓中发现的桥形金片，片

簪 由笄发展而来，是古人用来绾定发髻或冠的长针。可用金属、骨头、玉石等器物制成，多加以珠宝装饰。后来专指妇女绾髻的首饰。擿，簪股，将头部做成可搔头的簪子，所以俗称为"搔头"。

殷墟 我国商代后期都城遗址，位于河南省安阳市殷都区小屯村，横跨洹河两岸。商代从盘庚到帝辛，在此建都达273年，是我国历史上第一个文献可考、并为考古学和甲骨文所证实的都城遗址。

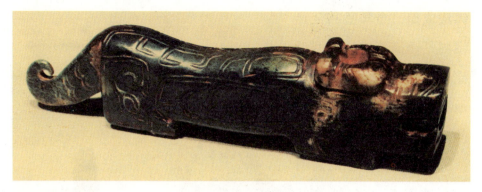

■ 妇好墓中的金眼玉虎

上有钉孔，可能是钉于木器上的箔饰。

安阳殷墟妇好墓发现的一件玉虎，其眼睛处贴金箔以点睛。

河北藁城台西村的商墓中的漆盒上贴有金箔，厚不到1毫米，箔片残存半圆形，正面阴刻云雷纹，背面遗有朱漆痕迹。

藁城台西遗址商代墓葬中还发现有金臂钏、金耳环、金簪等金器。

将商王朝统治区与周边地区发现的金器进行对照会发现，它们应属不同的文化系统。在形制和纹饰上，各自的地域文化特点十分鲜明。

商王朝统治区的黄金制品大多为金箔、金叶和金片，主要用于器物装饰。在商王朝北部地区的金饰品，主要是人身佩戴的黄金首饰。

这个时期所发现的金器中，最令人瞩目的是四川省广汉三星堆遗址和金沙遗址的一批金器，不仅数量多，而且形制别具一格，这反映出我国早期文明发展的多元性和不平衡性。

古蜀族是世界上最早开采和使用黄金的古老的民族之一，在相当于中原殷商时期就已经熟练地掌握

妇好 商王武丁的诸妇（妃嫔）之一，我国历史上有据可查的第一位女性军事统帅，同时也是杰出的女政治家。她不仅能够率领军队东征西讨为武丁拓展疆土，还主持着武丁朝的各种祭祀活动。因此武丁十分喜欢她，她去世后武丁悲痛不已，追谥曰"辛"，商朝的后人们尊称她为"母辛""后母辛"。

了黄金的加工技术，制作了精
美绝伦的金杖、黄金面罩、金
虎、金叶、金鱼、金璋等多种
黄金动物图形和装饰品。

这些黄金饰品，不仅展现
了古代蜀人高超的金箔加工制
作技艺，而且具有丰富的文化
内涵，这些金箔加工工艺也代表了商代最早的黄金制

■ 三星堆金箔虎形饰

品水平，对揭示三星堆古蜀文明的珍贵资料和重新认
识我国早期黄金冶炼水平具有很高的研究价值。

三星堆遗址的金器是商文化遗址中最丰富的。

一是种类多，有金杖、金面罩、金箔虎形饰、金
箔鱼形饰、金箔璋形饰、金箔带饰、金料块等。

二是形体大，一、二号坑均有金面罩。二号坑的
铜头像上有的贴有金箔面罩，构成金面铜头像。可以
推测，金箔面罩原来都是粘贴在铜头像上使用的。
一、二号坑中丰富的金器也是三星堆遗址晚期遗存的
重要特征。

三星堆遗址的黄金制品，除金箔或金片制成的金

三星堆遗址 三星堆古遗址位于四川省广汉市西北的鸭子河南岸，分布面积12平方千米，距今已有5000年的历史。现有保存最完整的东、西、南城墙和月亮湾内城墙。三星堆遗址被称为20世纪人类最伟大的考古发现之一，昭示了长江流域与黄河流域一样，同属中华文明的母体，被誉为"长江文明之源"。

■ 商代金锭

三星堆金杖

虎、金叶、金鱼、金璋、金带等器物外，还有金料块。在这些黄金制品的制作工艺上，采用了锤锻平展、剪裁修整、平面雕刻等手法。

在三星堆出土的黄金制品中，其中一号祭祀坑的一柄金杖，堪称金器中的绝世珍品。它全长1.42米，直径为2.3厘米，用锤打好的金箔，包卷在一根木杆上，净重约500克。木杆早已炭化，只剩完整的金箔。

在三星堆出土众多的金器中，金面铜头像由铜头像和金面罩两部分组成，金面人像高41厘米，铜头像为平顶，头发向后梳理，发辫垂于脑后，发辫上端扎束。

金面罩大小、造型和铜头像面部特征相同，双眼双眉镂空，用土漆调和石灰作黏合剂，将面罩粘贴于头像上。头像尊严高贵、气度非凡，这金光熠熠、耀人眼目，俨然王者风范的"金面使者"乃当时社会高层人士，掌握生杀大权，具有首领的统治意味。

从三星堆铜头人像上包金面罩的情况来看，早在商代，蜀人就以黄金为尊，所以他们才在铜头像上再包贴金面罩，其目的并非仅仅为了美观，而是为了得到神灵的欢娱，以使铜头像代表的神灵更灵验一些。

金沙遗址还发现中心孔圆形金饰，穿孔在圆心，器表略弧。器内壁有细微磨痕。直径1.1厘米。还有边缘孔圆形金饰，穿孔则在器物边缘，器身平整。

而这一件环形金饰，素面，残长15.9厘米，宽1.04厘米，环面宽窄不等，器身多有铜锈，环内外边缘有内卷痕迹。

金沙遗址竟然还有一件金盒，椭圆形，无盖，平底略外弧，高3.13厘米，宽2.97厘米，长9.43厘米。近沿外有多处擦痕，器表曾作抛光处理，器壁不平整，有破损。

金沙遗址中的蛙形和鱼形金饰也很有特色，其中蛙形金饰，长6.96厘米。器呈片状，头部呈尖桃形，并列一对圆眼。"亞"字形身，背部中间有一脊线，前后四肢相对向内弯曲，尾端尖。脊两侧饰对称弦纹，由背脊处延至四肢，弦纹内饰一排连珠纹。

而鱼形金饰，长4.9厘米，柳叶形，头部有一圆形小穿孔，身上錾刻有鱼刺纹和点纹。

三星堆金面罩人头像

阅读链接

在四川古史传说中，曾留下了许多与黄帝、颛顼、大禹有关的记载，说明古蜀族与华夏祖先有着极深的渊源。在殷墟甲骨卜辞中至少有70条记载了蜀与商之间的关系。

大量的器物证明，四川盆地的先秦考古学文化受到中原地区、长江中下游地区和甘青地区等文化的强烈影响。

三星堆灿烂的金器展示了那个时代所特有的风貌，而这些金器所体现出的价值也不断地为了解古蜀国，提供了可靠的实证资料。在当时的环境和条件下能够掌握黄金的淘洗加工技术，而且又从挖掘的这些考古遗物上看，说明冶炼锤锻辗制加工已具有较高的水平。

特别是金杖、金箔面罩、金箔叶之类的工艺精湛内涵丰富的黄金制品，可以说明古蜀王国在制作工艺上居于世界领先地位，而且在黄金制品的用途和内涵方面更显示出了鲜明的特色和无穷的魅力。

好德尚礼的西周时期金器

我国自古就崇尚人的品德，西周人尤其好德，有一则与金子有关的故事可以说明：

当时，鲁国人秋胡娶了妻子才5天工夫，就到陈国做官去了。这一去过了5个年头才回来，在路上秋胡看见一个采桑的妇人，十分欢喜，就下车拿了金子去引诱，可是那采桑的妇人毫不理会。

秋胡闷闷不乐地回到家里，就捧了金子出来献给他的母亲，随后又唤妻子出来，谁知就是他刚在路上调戏的采桑妇人。秋胡顿时惊得目瞪口呆！

只听他妻子说："你因为欢喜女子而给她金子，这是忘记自己的母亲了，忘记了母亲，就是不孝；贪恋女色，动了淫心，这是污秽自己的品行了，也就是不

西周时代鎏金青铜器

义。你孝义两件都丢失了，我实在羞于见你。"说完就奔出门投河死了。

在我国古人的眼中，认为只有好的德行才是世间最珍贵的东西，也是一个人真正能谨守一生不会丢失的最大财富。所以，在十分强调礼制的周代，秋胡的下场也就可想而知了。孔子后来一心要恢复的就是周礼。

当然，我国文化既有这种严厉苛责的一面，也有极其宽容大度的另一面，那就是浪子回头"金"不换。也只有在这两方面的牵制与中庸里，文化才显示出不会在物欲里迷失的可能。

由于西周时人们并不崇尚奢华，所以当时的金制品也非常少见，西周的金饰主要是河南省三门峡虢国墓地发现的金带饰，其中圆形饰7件，长方形饰1件，兽面纹饰3件，类似虎头形，另有1件为镂空兽面纹三角形饰，大小共计12件，总重433克。

其中三角龙形金带饰高1.65厘米，重93.7克。三棱锥体状，外折边且有8个方形小穿孔。器表作两组单首双身龙形，顶端为浮雕式，龙头上有螺旋形双

孔子 （前551年~前479年），姓孔名丘，字仲尼。生于东周时期鲁国陬邑，即今山东省曲阜市南辛镇。春秋末期的思想家和教育家，儒家思想的创始人。孔子集华夏上古文化之大成，是当时社会上的最博学者之一，被后世统治者尊为孔圣人、至圣先师、万世师表。孔子和儒家思想对我国和世界产生了深远影响。

■ 三角龙形金腰带

璀璨的金银

角，口旁一对獠牙，卷鼻，吐舌，纹样间隙镂空。

兽首形金带扣，高2厘米，重39.1克。兽首，牛鼻，双角尖有短梯形豁口，下有獠牙。

虢国墓地出土的金带饰的制作工艺均为钣金浇铸成型，而且运用了镂空工艺。这些金饰件都位于棺内尸体腰部，估计应是腰带上的装饰件。

山西省曲沃西周晋侯墓也发现两组分别为15件和6件的金腰带饰，从中可以看出，西周时期已开始流行成套的金饰品。

此外，在北京市琉璃河的西周燕国墓里发现了一件木胎漆，器身上镶有3道金箔，下面两道金箔上还嵌有绿松石，这是发现最早的一件金平脱古器。

金平脱工艺的出现，说明金器工艺从商代发展到西周，已经有了小小的进步，而且这个工艺也可以看作是金工艺寻求独立发展的萌芽。

尽管西周时期的金制品非常少见，但从已发现的实物看，明显存在着地区差别。北方长城内外地区多纯金制成的首饰类器物，如金耳环、金臂钏等，而中原地区和西南地区却多用薄金工艺把黄金加工成箔片，然后贴、包于铜器和漆木器之上，起装饰作用。

如甘肃省礼县大堡子西周晚期秦人墓发现的金饰片中，有金虎2件，鸱枭形金饰片8件，口唇纹鳞形金饰片26件、云纹圭形金饰片4件、兽面纹盾形金饰片2件、目云纹、窃曲纹金饰片2件，推定为棺木装饰。

其金虎长4.1厘米、高16厘米、宽3至4厘米。鸱鸮形金饰片高52厘米、宽32厘米，以金箔剪裁而成，通身饰变形窃曲纹为翎毛，窃曲纹的余白中为形状各异的镂孔，使得鸱鸮形象异常富丽。

这两件金饰纹路清晰，凸凹起伏，犹如青铜器铸造出的纹样。它在锤揲中似采取了加底衬式冲模等高超的手段。从先秦各金箔饰物的具体状况看，被金箔装饰的器物有铜器、玉石器、漆器、木器及衣帽等。

河南浚县辛村的西周墓发现的包金铜兽头一大一小，形制相同，大者长2.8厘米、宽2.8厘米，小者长2.4厘米、宽2.6厘米，铜兽头刻镂精细，外包金箔薄匀，花纹毕露。

墓中还有矛柄饰金箔24片，有条形、圆形、人字形、三角形等形状，分贴于矛柄的各部位。

金箔贴于玉石器的器物，如陕西省扶风强家的西周墓发现的绿松石柄形器一件，顶端排列整齐绿松石片，并束有一圈金箔片。河南省洛阳北窑西周墓发现的玉柄形器的鞘饰上，也镶嵌有金箔片。

陕西淳化史家塬的西周墓人骨朽痕处有金片31件，应是衣物金饰，可分为方形和三角形两种，方形最大者长4.5厘米、宽3.5厘米，三角形最大者边长为2.5厘米。

掐丝是金器制作的基本技法之一，其做

■ 鎏金青铜桶

窃曲纹 周代一种重要装饰纹样。又称穷则曲，是一种适应装饰部位要求而变形的动物纹样，是动物的简化和抽象化。周代打破了商代以来，以直线为主的装饰特点，也打破了对称格式。一般由两端回钩的或"S"形的线条构成扁长形图案，中间常填以目形纹，但又未完全摆脱直线的雏形，因而形成直中有圆、圆中有方的特点。

法是将锤打成极薄的金片，剪成细条，慢慢扭搓成丝，可以单股，也可以多股。另外还有拔丝，是通过拔丝板的锥形细孔，将金料挤压而入，从下面的小孔将丝抽出，较粗的丝也可直接锤打而成。

陕西、山西北部交界一带发现的西周时金耳环，通常称"珥"，共26件，形制相似，均是月牙形金片，一端呈螺旋形，另一端为伸出的金丝，或穿有绿松石。

还有一种是圆圈形，发现于辽宁省朝阳魏营子西周墓，它是用金丝绕成两圈。内蒙古自治区杭锦旗阿鲁柴登西周末期墓葬发现的金锁链则由多股金丝编成，金丝细如毫发。

璀璨的金银

阅读链接

西周时，在金器工艺中还发明了錾刻，《荀子·劝学篇》说："锲而不舍，金石可镂。"锲是用刀刻，镂是雕刻。可知先秦时代多用刻镂的方法加工金石器物。

在考古学中多称这种方法为錾刻或雕镂，它是在器物成型之后的进一步加工技术，多施用于花纹。从后世金器制造来看，錾刻工艺十分复杂，工具有几百种之多，根据需要随时制作出不同形状的錾头或錾刀。

一类錾头不锋利，錾刻较圆润的纹样，以免把较薄的金片刻裂，用肉眼就能观到錾刻的痕迹，由一段段的短线组成。另一类錾头锋利如凿子，錾出较细腻的纹样，在制作实施时又分两种，一种线条为挤压出来的，另一种线条为剔出来的。

錾刻技术产生出丰富多彩的艺术效果，有时为平面雕刻，有时花纹凹凸呈浮雕状，可在器物的表里同时使用。金器锤揲成型后，錾刻一直作为细部加工手段而使用，也运用在铸造器物的表面刻画上，贴金、包金器物的纹样部分也采用此法。

清新活泼的春秋战国金银器

  春秋战国时期，社会变革带来了生产、生活领域中的重大变化。黄金白银的产量有了明显增长，黄金在上层人士中的使用比较普遍，它既是诸侯、贵族之间相互馈赠、贿赂的礼物，是财富的象征，又是战争争夺的对象和祭祀用的供物。

  与黄金一样，在春秋、战国时期，带钩普遍被王公贵族作为饰物佩戴在身上，尤其金带钩材质高贵，造型奇特而且别具匠心，也是当时身份的象征。

春秋纯金带钩

璀璨的金银

带钩是古代扣接腰带的用具，始于春秋，流行于战国至汉。战国秦汉时期，带钩的使用非常普遍，形制也日趋精巧，长短不一，有短至2寸，有长达11寸的，但钩体都作S形，下面有柱。有竹节形、琵琶形、棒形、鱼鸟形、兽形等，其材质包括金、银、铜、铁、玉、玛瑙各类。

带钩不仅有束住丝带革带的实用价值，及装饰美化作用，相传它还为齐国争霸立下了汗马功劳。古文献记载，春秋时鲁国管仲追赶公子小白，拔箭向他射去，正好射中他的带钩，公子小白装死躲过了这场灾难，后成为齐国的国君，他不记前仇，重用管仲，终于完成了霸业。

带钩既是当时的服饰又有装饰意义，因此贵族们所用带钩的工艺特别考究，有些铜、铁带钩也是用包金、鎏金、错金银、嵌玉、嵌琉璃或绿松石等方法加工的，品种繁多，制作大多精致轻巧，是非常珍贵的艺术作品。

在春秋中、晚期，齐、燕、楚、秦等国就已经开始出现带钩。山东、河南、湖南、陕西、北京及辽宁等地的春秋至战国早中期墓葬中都有带钩发现。

如江苏省涟水三里墩战国墓发现的一件兽形金带钩，造型虽为怪兽却给人一种温柔可爱的奇妙感觉，线条圆润、流畅，做工精巧、细腻，整件

■ 竖线纹鳞形金饰片

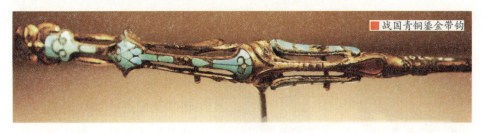
战国青铜鎏金带钩

作品既高贵又清新，鲜明地体现出了儒家人生既要艺术化又要以仁义为精神和依归的"乐教"传统。

这件兽形金带钩，系采用立雕、浅浮雕、阳刻等多种技法铸造制成，长12厘米，重275克，钩形似战国时期流行的琵琶样式。

纹样的风格和同期青铜器纹样的风格相一致。将带钩向上时，整个形象为蹲坐状的怪兽，钩似马首，前肢抬起收于胸前，挺胸勾首，颇为生动。

马首靠近右眼脖颈处有一明显凹陷及一较细划痕，似为重物或尖锐器物所划伤。带钩中部即怪兽腹部颜色较深且粗糙不平，似被汗渍污染所致。

鲁故城墓也发现近10件带钩，质地有银、铜、玉、铁等，制作工艺有鎏金、错金银、贴金和镶嵌等，堪称佳品。

如在一座墓中发现的兽头银带钩，根据位置和共存器物判断，此带钩是佩器钩。器作琵琶形，钩首作兽头形，器身弧形拱起，侧视呈"S"形，尾端雕饰卷角兽面纹。两道细凸棱使钩身正面呈瓦状内凹，背面一圆钮，长15.9厘米，宽2.5厘米。

战国时期的异形带钩主要为猿形，此外还有龙虎形、牛形、人形等，这些不仅是主人显示身份的标志，还有辟邪保平安之意。

这一时期，金银器分布区域明显扩大，在南北方都有发现，金银器的形制种类增多。

其中金银器皿，及相当一部分银器的出现，十分引人注目。大型金银器皿的出现是当时的重要标志，也是金银器发展迈出的具有划

■ 刺猬形金饰件

节约 原为马器，是节制、约束的意思，古时将马使用的缰绳或皮条穿其而过，以此起到连接作用，使缰绳和皮条连为一体，达到控制马的目的。后来的"节约"一词是引申出来的意思。

火焰纹 传统寓意纹样。又称"背光"。火焰，是佛教中佛法的象征。古代佛像背面，多饰有各种火焰纹样。一般部位在尖拱额中。以北魏石窟佛像最为常见，构成其艺术的一大特色。河南洛阳龙门石窟表现尤为细致，以宾阳洞、古阳洞诸龛为代表。

时代意义的一步。

中原地区，金箔作为装饰外包，在春秋时期仍然得到广泛使用，如陕西省凤翔县马家庄春秋秦宗庙遗址发现的春秋中期金泡，其中两件高3.5厘米，直径2.2厘米，重10.8克，其余高0.2厘米，直径1.82厘米，重5克。

马家庄春秋秦宗庙遗址的金方泡长2.2厘米，宽1.7厘米，重2克。该处还发现春秋中期金节约多件，其中6件长2.1厘米，宽1.5厘米，重9.5克，一件长2.1厘米，宽1.5厘米，铜环直径4.7厘米。筒最大直径为0.9至1.8厘米，重2.2至7克。

山东省沂水刘家店春秋中期墓发现的嵌金漆勺上嵌有三角形、菱形压花金箔。河南省信阳长台关的楚墓发现两件繁缨座，为木胎漆器，其正面的某些花纹部分就贴有金叶。这是漆器贴金的5件。其金箔大概是在漆将干未干时把金箔贴上去的。

北方金银器主要有装饰品、兵器饰件和马饰具，造型以虎、豹、狼、鹰、野猪、怪兽、鹿、牛、羊、马等动物纹为主，也有少量几何纹、火焰纹。

如山东省曲阜县鲁国故城遗址发现的战国猿形银饰，通高16.7厘米。猿猴作回首攀缘状，姿态极其生动。背面有一圆纽，可能为带钩一类器物。

辽宁省凌源县三官甸子春秋墓也发现一件金兽，长4.9厘米，高3.8厘米，重26.5克。金兽呈鹿形，制造者准确到捕捉了小鹿受惊回首、拔腿欲奔的一刹那。

这个时期，北方的匈奴地区也出现了金银器。器物多为具有浓郁草原文化特色的动物纹饰件。如在内蒙古自治区鄂尔多斯市杭锦旗阿鲁柴登战国墓中发现的唯一的"胡冠"标本鹰形金冠以及在陕西神木纳林高兔村一座匈奴墓中发现的一批包括金怪兽、金虎、银虎、银鹿等动物形象为题材的金银饰件。

内蒙古自治区鄂尔多斯杭锦旗阿鲁柴登发现的战国金镶彩石虎鸟纹饰牌，长4.5厘米，以伏虎形图案为主，虎身镶嵌红绿色彩石7块，虎头上附加火焰状角纹，外围八鸟图案，突出鸟头，鸟身简化，这组饰牌反映了匈奴人对虎的崇拜。

内蒙古自治区鄂尔多斯市杭锦旗阿鲁柴登发现一件战国鹰形金冠顶，高7.3厘米，带长30厘米，周长60厘米，共重1394克。

由冠顶和冠箍两部分组成。冠顶傲立展翅雄鹰，鹰体由金片做成，中空，身及双翅有羽毛纹饰。

鹰首、颈由绿松石做成，颈间有带花边的金片，类似项链。头部用金丝从鼻孔插入，通过颈部与腹下相连；尾部另作，亦用金丝连接。

鹰下部为厚金片锤揲成的半球形体，表面从中心四

■战国鹰顶金冠饰

等分为90度的扇面形，其上浮雕四组狼咬羊图案，狼作卧伏状，盘角羊前肢弯曲，后肢被狼咬住，作反转态。

整个冠顶呈现雄鹰俯视狼咬羊的生动情景。冠带由铸造的3条半圆形金条组成，前面有上下两条，中间及末端均有榫卯相合；后面一条两端有榫与前面一条连接组成头箍；左右靠近人耳处，分别浮雕卧伏的虎、盘角羊和马，其余部分为3股交错绳索纹。

春秋战国时期，大量错金银器的出现，几乎成为这个时期工艺水平高度发展的一个标志。

从商代直到战国末期，在长达1000多年的漫长岁月里，中原地区的人似乎一直沉迷在青铜器的光芒之中，对金银的使用只局限在装饰青铜器物。于是出现了我国早期的错金银工艺。

阅读链接

战国时期，由于崇尚武力，所以描绘动物的金银饰物特别多，如金镶彩石虎鸟纹饰牌、金怪兽纹饰牌、金站立怪兽纹饰片、金镶松石耳坠、银狼驮鹿纹牌、金豹噬野猪纹嵌宝石带扣、金卧虎形饰片、金虎咬牛饰牌、金刺猬形缀饰、银虎头形饰、金三鹭纹扣、金猎鹰形缀饰、金羚羊形饰、金鸟纹扣、金四鹰首纹饰、金虎狼咬斗带饰、金双鹰搏蛇纹饰牌、银虎吞羊项圈、金鹰形饰片、金双兽纹饰牌、银鹿、金怪兽纹带饰、金双鹿纹牌饰、金双怪兽纹牌饰、金双鸟头形饰、金狮形片饰等。

秦汉魏晋金银器

秦朝由于年代较短，遗留的金银器不多，目前大多在始皇陵所出铜车上发现。其中金质的有金当卢、金泡、金项圈部件、纛座上镶嵌的金珠等，银质的有银镳、银害、银辖及银环、银泡、银项圈部件等，均系铸造成型。

错金银技艺在春秋中晚期开始兴起，到汉代，这种技艺已经成为我国传统金银工艺的主流，并且达到了相当高的水准。

三国魏晋时期的金银器数量较多，金银器的社会功能进一步扩大，制作技术更加娴熟，器形、图案也不断创新。在这个时期的墓葬中，常可以看到民族间相互影响和融合的迹象。

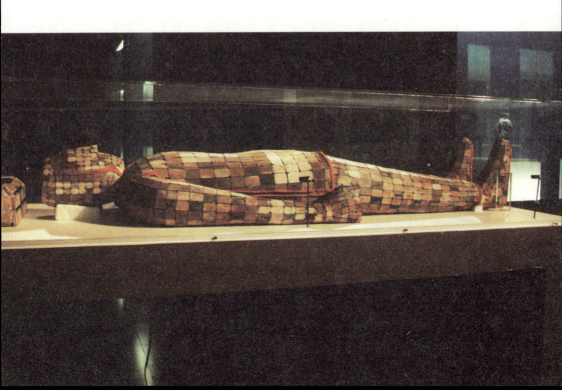

秦朝王者之风的金银器

　　从春秋战国时期，秦国的金银器主要是金制品，银制品极为罕见。无论是黄金制品的数量还是从造型、工艺水平上看，秦国的金制品在诸侯国中都表现得最突出。

　　在陕西省凤翔秦都雍城地区的马家庄宗庙遗址、秦公一号大墓和凤翔西村秦墓中及始皇陵中，发现黄金制品百余件，既有花纹繁复、

错金银铜鼎

造型独特的装饰品，如龙首蟠龙、盘蛇、鸳鸯金带钩、金兽面、金方泡、玉环金铺首等；也有做工精细、精美绝伦的实用器，如错金虎符、错金银铜鼎、鎏金蒜头壶、金洗、金环首铜刀等。

　　此外，秦国的一些铜

■ 鎏金铜车马

铁器的柄部也饰有金柄，如陕西省宝鸡益门村春秋墓发现有3件金柄铁剑。除秦公一号大墓的一件金箔系锻打之外，其他所有金器全是铸造成型，明显受到当时青铜工艺的影响。

根据凤翔和宝鸡等地所发现金器的规范程度和统一的造型风格推断，上述金器应是秦国官府作坊统一制造的，地方官府在当时的客观条件下是不可能制造金器的。

秦始皇统一全国后，除黄金制造业外，还出现了银器制造，但仍以金器制造为主。此时的金制品已由礼器和装饰品向实用器皿发展，主要是一些大型车马的部件和饰件，很少有实用生活器皿。

秦朝由于年代较短，遗留的金银器不多，大多在始皇陵所出铜车上有所发现。陕西临潼秦始皇陵封土西侧20米处的一个陪葬坑里，发现两乘大型陪葬铜车马，一前一后排列，大小约为真人真马的二分之一。

秦始皇（前259年~前210年），嬴政，嬴姓赵氏，故又称赵政，他是我国历史上著名的政治家、战略家、改革家。他是首位完成我国统一的第一位皇帝，建立皇帝制度，书同文，车同轨，统一度量衡，把我国推向了大一统时代，对我国和世界历史产生了深远影响，被誉为"千古一帝"。

铜车马制作年代至晚在陵墓兴建时期，即公元前210年之前。主体为青铜所铸，一些零部件为金银饰品，各个部件分别铸造，秦代工匠成功地运用了铸造、焊接、镶嵌、销接、活铰连接、子母扣连接、转轴连接等各种工艺技术，并将其完美地结合为一个整体。

如秦陵二号铜车马的零部件中就有金制件737件，银制件983件。

一号铜车马为双轮、单辕结构，前驾4马，车舆为横长方形，宽126厘米，进深70厘米，前面与两侧有车栏，后面留门以备上下。

车舆右侧置一面盾牌，车舆前挂有一件铜弩和铜镞。车上立一圆伞，伞下站立一名高91厘米的铜御官俑。其名叫立车，又叫戎车、高车，乘车时立于车上。该铜车马共由3500多个零部件组成，总重约1040千克，其中金饰件3000余克，银饰件4000余克，车马通体饰有精美绝伦的彩绘。

该车伞杠上有圆管形错金银纹样两节，纹样环伞杠一周，上下两端各有一条宽0.35厘米的错金银粗环纹，及一条细线作为纹样的上下界。中间部分也有3组凸起的阳弦纹作为整个图案纹样分组的间隔条带。

由上向下数第一、三两组阳弦纹上的错金银纹样基本相同，中间凸起的部分都是以错金银的横"S"

彩绘 在我国自古有之，被称为丹青。其常用于我国传统建筑上绘制的装饰画。我国建筑彩绘的运用和发明可以追溯到2000多年前的春秋时代。它自隋唐期间开始大范围运用，到了清朝进入鼎盛时期，清朝的建筑物大部分都覆盖了精美复杂的彩绘。

纹作为主题纹样，形成二方连续的环带纹。纹样与纹样之间也是以3条细错金银线相隔。

金银勒是控驭马的重要器具。一号铜车前所驾的4匹铜马的头上各戴一副。4副勒的形制、结构和编缀方法基本相同，大小相似。主要的连接点上缀有金质或银质的圆泡形节约，额部饰金当卢。

金当卢为马头上的金饰件，勒套装于马头后，当卢则位于马额中央。长9.6厘米，最宽5厘米，厚0.4厘米。分上下两层，上层为金质，下层为铜托。两层大小、形状相同，连接一起。

金当卢正面的周边有突起的状似流云纹的阳线边饰，中部为两条左右相对组成的类似蝉纹的浅浮雕单独纹样，二者交合为一的两条蟠虬纹。

金当卢背面的铜托上铸有4个钮鼻，两两相对。钮鼻内贯穿纵横呈十字形铜条，此铜条与托板、钮鼻铸连一起，用以连接金银勒上的链条，起节约作用。

蝉纹 蝉体大多作垂叶形三角状，腹有节状条纹，无足，近似蛹，四周填云雷纹；也有长形的蝉纹，有足，也以云雷纹作地纹。可能意味底纹和饮食及盥洗有一定联系，其取义大约是象征饮食清洁的意思。蝉纹还有象征死而转生之意。

■ 秦代马具

位于马口两侧的链条上连接着银表和铜衔，位于喉革部分的链条上悬挂着铜丝扭结成的璎珞。左骖马和右骖马的勒除连接着银铆、铜衔外，还有铜镳以及连接衔、镳的圆片形铜构件。

勒是套在马匹头部，用来控制马匹的核心部件。俗称马笼头，古代又名羁，亦称络头。《淮南子·原道训》："络马之口，穿牛之鼻者，人也。"古代马勒多以革带制作。革带相交处，常见以底部带有钮鼻的铜环或铜泡连接，称为节约。

根据对这些金银配件的研究已能证明，秦朝的金银器制作已综合使用了铸造、焊接、掐丝、嵌铸法、锉磨、抛光、多种机械连接及黏结等工艺技术，而且达到很高的水平。

璀璨的金银

阅读链接

秦代金银器虽然发现得并不多，但从文献记载分析，秦代的金银器数量应是相当大的。因秦陵地宫至今尚未发掘，真实情况还不得而知。

秦陵铜车的马勒上各有一件叶形的金饰件，勒套装于马头后，叶形金饰位于马额中央。饰件的正面以浅浮雕形式塑出二者交合为一的两条蟠虺纹；背面有四钮鼻，用以穿连勒带，同时起着节约的作用。《秦始皇陵铜车马发掘报告》及诸多介绍文章，均将此饰件定名为当卢，但实际此物的本名应是钖或镂，当卢是其俗称，名称出现较晚。

使用镂钖的车马，一般级别规格较高，当卢即当颅也，名称与佩带的位置有关，是后世的俗称。以当卢注镂钖，正说明当卢名称较晚，世俗皆知。当卢一般无雕饰，无级别限制，使用比较广泛。

秦陵铜车是皇帝乘舆车队中的马车，级别高贵，马额中间的叶形金饰雕刻花纹，是古代镂钖的典型形象，称其为当卢不够精确。

富丽堂皇的汉代金银器

　　汉王朝是充满蓬勃朝气的封建王朝，国力十分强盛。在汉代墓葬中出土的金银器，无论是数量，还是品种，抑或是制作工艺，都远远超过了先秦时代。

　　汉代金银器工艺在前代的基础上，又获进一步的发展。为满足需要，所制器物极为精致、豪华。

　　如河北省满城西汉中山靖王刘胜夫妇墓发现的单鎏银盒，湖南省长沙五里碑和五一街东汉墓发现的银碗、银调羹等。

　　除餐具外，更多的是各种金银装饰品。如在江苏省邗江甘泉山汉墓发现大批黄金首饰，其中的对金胜由两个相对的三角形和圆形组成，圆形凸起如球面，用

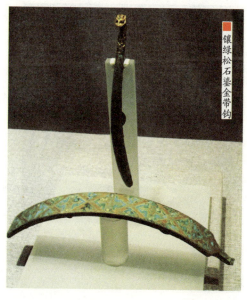

■镶绿松石鎏金带钩

璀璨的金银

绿松石掐丝镶嵌圆心，外有小金球组成一圈联珠纹，制作甚为精美。

有的汉代金银器除镶嵌绿松石等材料外，还饰以人物、动物等，如河北省定县汉墓发现的错金银狩猎纹铜车饰，呈竹管状，表面有凸起的轮节。

将车饰分为4段，用错金银装饰以狩猎为主题的花纹，并嵌有圆形和菱形的绿松石，其间饰有人物及象、青龙、鹿、熊、马、兔、狼、猴、羊、牛、猪、狐狸、獐、鹰、鹤、孔雀等动物形象，并穿插以菱形纹、波纹、锯齿纹。

整个车饰构图饱满，气魄宏大，风格瑰丽，反映了作者丰富的想象力和卓越的技巧。

金制的动物如江苏省盱眙县发现的西汉金兽，通高10.2厘米，身长16厘米，身宽17.8厘米，重9000克。空腹、厚壁，浇铸成形。

■汉代金兽

金兽下盖着一个精美奇特的铜壶，壶内装满了金器，其中9块半金饼重达2864克，15块马蹄金、麟趾金重达4845克，11块金版"郢爰"重达3260克。黄金总重量超过20千克。

金兽呈蜷伏状，头枕伏于前腿上，屈腰团身，首靠前膝，耳贴脑门两侧，头大、尾长、身短而粗壮，似虎更类豹。附耳瞪目，张口露齿，神态警觉，颈部戴三轮项圈，头顶有一环钮。

金兽通体斑纹是在兽体铸成后再锤击上去的，大小相当，呈不规则的圆形，十分精美。底座空凹，内壁刻有小篆"黄六"两字，为秦汉文字。"黄"指质地为黄金，"六"为序数。

错金银技艺在春秋中晚期开始兴起，到汉代，这种技艺已经成为我国传统金银工艺的主流，并且达到了相当高的水准。

西汉之初，刘揭在消灭吕后的势力中立下了汗马功劳，因此被封为阳信夷侯。汉景帝时期，刘揭的独生子因参与"七国之乱"而被废除了爵位，他的财产被没收，进入了长信宫，其中就包括一盏做工精巧的青铜灯。

长信宫是汉景帝时皇太后窦氏居住的宫殿，这盏灯被送入长信宫浴府使用，故又增加了"长信宫"字样的铭文以示宫灯易主。

后来，这盏"长信宫灯"又由窦氏送给她心爱的孙儿刘胜。刘胜之妻窦绾将铜灯视为珍宝，死后就将灯随她埋入河北省满城西汉中山靖王刘胜夫妇墓中。

此灯的造型为一跪地执灯的梳髻覆帼、着深衣的跣足年轻侍女，手持铜灯。宫灯通高48厘米，重15.85千克。由头部、右臂、身躯、灯罩、灯盘、灯座6个部分分别铸造组成，头部和右臂可以组装拆卸，便于对灯具进行清洗。

■ 西汉朱雀衔环杯

朱雀 亦称"朱鸟"，古代神话中的南方之神。又可说是凤凰或玄鸟。朱为赤色，像火，南方属火，故名凤凰。它也有从火里重生的特性，和西方的不死鸟一样，故又叫火凤凰。天界四大圣兽之一。

汉代鎏金动物一组

璀璨的金银

宫灯部分的灯盘分上下两部分，刻有"阳信家"铭文，可以转动以调整灯光的方向，嵌于灯盘沟槽上的弧形瓦状铜版可以调整出光口开口的大小来控制灯光的亮度。右手与下垂的衣袖罩于铜灯顶部。

宫女铜像体内中空，其中空的右臂与衣袖两片弧形板合拢形成铜灯灯罩，可以自由开合。燃烧的气体灰尘可以通过宫女的右臂沉积于宫女体内，不会大量散到周围环境中。灯罩上方部分残留有少量蜡状残留物，推测宫灯内燃烧的物质是动物脂肪或蜡烛。

灯盘有一方銎柄，内尚存朽木，座似豆形。宫灯表面没有过多的修饰物与复杂的花纹，在同时代的宫廷用具中显得较为朴素。

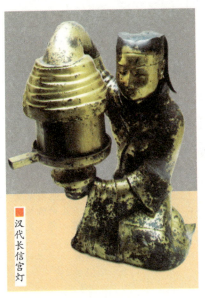

汉代长信宫灯

灯座底部刻铭文9处，共65字，内容包括灯的重量、容量、铸造时间和所有者等。如："长信尚浴，容一升少半升，重六斤，百八十九，今内者卧。"

宫灯通体鎏金，光彩熠灼。宫女身穿长衣，衣袖宽大，她面目端庄清秀，凝眸前视，目光十分专注，头略向前倾斜，神情恭谨、小心翼翼，表现出一个下层年轻宫女所特有的神态。宫女双手持灯，左手持灯盘，右臂上举，宛如举灯相照的神态。

汉代神仙方术流行，人们多向往长生不老的仙境。汉武帝嗜好熏香，也信奉道教。道家传说东方海上有仙山名为"博山"。

武帝即遣人专门模拟传说中博山的景象制作了一类造型特殊的香炉，即博山炉，博山炉盖作尖锥状山形，仿佛传说中的海上仙山。

刘胜墓发现的这件错金青铜云纹博山炉，炉盖呈尖锥状博山，因山势镂孔，雕塑出生动的山间景色。通体用金丝和金片错出流畅、精致、舒展的云气纹，金丝有粗有细，细的犹如人的头发丝一般。座把呈透雕三龙出水状，龙首顶托炉盘，象征着龙为沟通天、地、人三界的神兽。

炉盘装饰以错金流云纹。盘上部铸出峻峭起伏的山峦，奇峰耸出，山林间饰错金线神兽出没、虎豹奔走，轻捷的小猴蹲踞在高层峰峦或骑在兽身上嬉戏玩耍，猎人们出现在山间，有的肩负弓弩，有的正在追捕逃窜的野猪，气氛紧张，画面生动。两三棵小树点缀其间，刻画出了一幅秀丽山景和生动的狩猎场面。

当熏香点燃时，香烟透过峰谷间铸有的空隙缭绕于山间，产生山景迷蒙，群兽灵动的奇异效果。炉器座较低，座把由透雕的3条蛟龙跃出波涛翻滚的海面，盘成圈足，以龙头擎托炉盘随风飘荡的流云。

鎏金 是一种金属加工工艺，亦称"涂金""镀金""镏金""流金"，是把金和水银合成的金汞剂，涂在铜器表层，加热使水银蒸发，使金牢固地附在铜器表面不脱落的技术。是我国古代劳动人民在生产劳动中总结创造出来的工艺，始于战国时期。

被"错金银"工艺装饰过的器物表面，金银与青铜呈现出不同的光泽，彼此之间相映相托，将图案与铭文衬托得格外华美典雅，色彩对比、纹饰线条更加鲜明，艺术形象更为生动。该作品色彩黑、黄呼应，工艺精湛，装饰华美，是一件古代青铜珍宝。

汉时博山炉有竹节形长柄熏炉和短柄龙座熏炉等形制，而以短柄博山炉最为常见，其器身较短，较适合于当时席地而坐时置于席边床前或帏帐之中。而另一类长柄炉多适用于宴会等公共场合。

西汉时国力强盛，四方番国齐来朝觐，因此，朝廷也以贵重的金印赐给地方番王，除"广陵王"金印外，最著名的是古南越王金印和滇王金印。

西汉南越王墓位于我国广东省广州象岗山上，是西汉初年南越王国第二代王赵眛的陵墓。

■汉代鎏金博山炉

在秦末楚汉相争之际，时任南海郡尉的赵佗吞并桂林、象郡，于公元前203年建立南越国，定都番禺。南越国疆域基本就是秦朝岭南三郡的范围，东抵福建西部，北至南岭，西达广西西部，南濒南海。

从赵佗最初称王以后，南越国共传5代王，历时93年。开国之君赵佗僭称南越武帝，第二代王赵眛为赵佗次孙，

公元前137年至公元前122年在位，在《史记》中被称为赵胡，僭称文帝，第三代王赵婴齐为赵眜之子，死后称明王，皆筑有陵墓。

赵眜的南越王墓劈山为陵，墓室仿照生前宅居筑成，后部主室居中，为墓主棺椁主室，墓主身穿丝缕玉衣，随身印章9枚，最大一枚为"文帝行玺"龙钮金印，此外，还有螭虎钮"帝印"。龟钮"泰子"金印以及墓主"赵眜"玉印等。

到了汉代，银器的使用范围已较广，制作工艺有锤、錾刻、镶嵌、焊接、模压、浮雕、包金、掐丝等多种技法。容器如银、银盒、银盘、银碗等均曾发现。小件服御器如银带钩、银指环、银钏、银铺首、银车马具等，数量更多。

其中造型最新颖的是齐王墓陪葬坑中发现的一件带盖的银豆，盖与腹均饰以花瓣形凸泡。同型之器在云南晋宁滇国墓与广州象岗南越王墓中也发现过。

这种以凸泡组成的花纹在我国非常罕见，然而在古波斯阿契美尼德王朝的金银器上却是常用的装饰手法。故上

西汉鎏金嵌玉饰品

述数器或曾受到西方的影响。

　　齐王墓陪葬坑中还发现了两件西汉银盘，器腹均饰以鎏金花纹。而金花银盘即所谓"镂银盘"在唐代曾成为金银器中最主要的品种。齐王墓陪葬坑之例说明，这种技法在汉代已出现。

　　西汉时期，北方匈奴民族吸收汉文化的因素，出现了银匙、银箸等饮食器，用途扩大。造型和装饰艺术在继承战国遗风的基础上又有创新，出现了动物与自然环境的图案。

　　匈奴民族的金银器，造型独特、工艺精美，掀起了北方草原地区金银器发展的第一次高峰。

　　中原和南方地区的金银器，大体看来，与北方匈奴少数民族地区金银器的形制风格截然不同，多为器皿、带钩等，或是与铜、铁、漆、玉等相结合的制品，其制作技法大多仍来自青铜工艺。

　　此外，包金青铜器和以金、银镶错的技艺也十分盛行，并有很多杰出的创造。

阅读链接

　　"错金银"工艺到了战国时期已经发展得十分成熟，不仅容器、带钩、兵器等使用"错金错银"，在车器、符节、铜镜和漆器的铜口、铜耳等处，也大量使用精细的"错金银"纹饰。

　　因为这种工艺制作复杂，材质昂贵，所以当时也只有贵族才能使用。而东汉以后，盛极一时的"错金银"工艺逐渐被当时的战乱淹没了。

　　传统金银技艺始终没有脱离青铜工艺的传统技术，直到汉代以后，我国金银器才开始走向它独立发展的道路。

异域风情的魏晋金银器

三国魏晋南北朝时期，朝代更替频繁，然而另一方面，各民族在长期共存的生活中，逐渐相互融合，对外交流进一步扩大，加之佛教及其艺术的传播，使这个时期的文化艺术空前发展。这些在金银器的形制纹样发展中，都曾打上了明显的烙印。

三国魏晋时，文化艺术空前发展，金银器物、金银装饰流行成为风气。当时，中原战乱频繁，南方社会经济却有较大发展。因此，南方金银饰物较多。

湖北省鄂城西山铁矿工地吴墓，曾发现了金银镯、金银钗、

魏晋时期鎏金狮子

璀璨的金银

明器 指专门为随葬而制作的器物。又称冥器。一般用陶瓷木石制作，也有金属或纸制的。除日用器物的仿制品外，还有人物、畜禽的偶像及车船、建筑物、工具、兵器、家具的模型。在我国，从新石器时代起即随葬明器。明器是考察古代生活和雕塑艺术的有价值的考古实物。

金珠、金瓣、金鸳鸯、金银戒指、银项链、银唾盂等47件。

在广东省广州市孖岗晋墓，也发现了金小狗、金银镯、金银戒指、银钗、银耳挖、银顶针等23件。

江西省南昌于公元263年的东吴墓发现有"花形金饰"，上面雕有"大吉"文字。

江苏省南京江宁区汤山街道上峰社区周良村发现了一座前后一线排列的三室西晋朝墓葬，墓中的一具木棺中，藏着数量惊人的随葬明器文物，其中还包括10多件极为罕见的金器。有金簪、金冠饰、步摇金饰等，金饰精致细密，亮丽如新，虽经过1700多年，依然能够放射出金色光芒。

其中一套4枚金质冠饰保持得极为完好。尤其是一枚"蝉形金珰冠饰"，据史料记载，能够使用金珰冠饰的人地位不低，至少是侍中以上的官员或者宫中的高级别女官。

江苏省镇江高淳及江西新干酒厂西晋墓，也都发现了银镯、银环、银发簪等首饰。

北方的金银器，属于曹魏时期的仅在安阳大司空

■ 金头钗

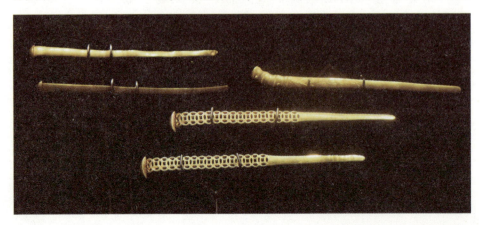

一座砖室墓中，发现了银镯、银丝指环。在北京市顺义大营村西晋墓中，发现有金银手镯、金银戒指、银臂钏、银指环、银发钗等14件，这是北方西晋墓发现金银饰物最多的墓葬。

西晋王朝国力不足，对众多游牧民族采用分封的怀柔政策。在内蒙古自治区乌兰察布市凉城县小坝子滩沙虎子沟的窖藏金银器中，先后发现"晋鲜卑归义侯"和"晋鲜卑率善中郎将"等金印。印中的"归义""率善"等字样都反映了这一史实。

晋鲜卑归义侯金印，由纯金制成，高2.8厘米，边长2.2厘米，重88.4克，方形，印上方为蹲踞式骆驼钮。这枚金印是西晋王朝赐给鲜卑族首领的印信。

同时发现的晋乌丸归义侯金印，长2.25厘米，宽2.3厘米，是西晋王朝赐给乌桓族首领的印信；晋鲜卑率善中郎将银印，长2.15厘米，宽2.15厘米。这两方印也均为驼钮。

墓内还发现多件具有拓跋鲜卑特点的金牌饰，内中有长9.5厘米的兽形金牌饰，高4.1厘米的镶嵌杂宝石兽形金饰件，长9厘米的兽形金饰件，高3厘米的兽形饰金戒指，还有金耳坠。

在一件长10厘米的四兽形金饰牌的背面，錾刻有"猗𨚫金"3字，猗即拓跋鲜卑三部之一猗部，可见这是该部首领的遗物。

锤揲的金牌饰，显示了拓跋鲜卑与匈奴文化的联系。以狼、狐和马纹为主要题材的牌饰，反映了鲜卑的民族特色。

东晋时期的金银器，江苏省南京象山359年王丹虎墓发现金钗、金

璀璨的金银

■ 虎形金饰牌

瑞兽 是原始人群体的亲属、祖先、保护神的一种图腾崇拜，是人类历史上最早的一种文化现象，并从远古时代一直沿存至今。我国古代有四大瑞兽，分别是东方青龙、南方朱雀、西方白虎、北方玄武，另外还有麒麟也是我国古代的一种瑞兽。

簪、金环25件，王廙墓中发现了金刚石戒指、金铃、金环、金银钗、金银簪等饰物。

发现最多的是南京郭家山一座东晋早期墓，除金钗、虎形金饰外，共有129件金饰件，其中有束腰、葫芦、圆片、鸡心等形状金片及饰件，还有金花、金珠、银铺首、银柿蒂、银兽蹄、小银环等。

南京曹后村东晋墓也曾发现金花、鸡心形金片、银铺首、银栉背、银环、银镯、银钗。宜兴的周鲂、周处、周玘等6座墓及丹阳被认为是齐景帝萧道生的陵墓，都发现不少金银饰物和金质小动物。这些金花饰物在已发现的东晋金银器中最具特色。

北魏时期的金银器，内蒙古自治区呼和浩特市美岱村的发现较重要，美岱村宝贝梁北魏墓中发现了兽形饰金戒指，戒面有小动物，用细小金粒镶出花纹，并嵌绿松石。同时还有菱形金片，各式金花、金钗。

内蒙古自治区科尔沁左翼中旗希伯花鲜卑墓发现的北魏金瑞兽，长9厘米，高7.7厘米，形似一奔走的瑞兽。造型奇特，具有浓郁的鲜卑民族特色。

北魏时期，鲜卑金银器以素面较多，动物造型多为羊、马首、牛首、龙，出现了具有波斯风格的装饰艺术。

采用模铸、焊接、金珠细工、镶嵌、錾刻、冲錾等工艺，尤其是金珠细工和镶嵌的结合，成为这一时期金银器工艺的一个显著特征，此为北方草原地区金银器发展的深化期。

从发现的器物情况看，这个时期的金银器数量较多，金银器的社会功能进一步扩大，制作技术更加娴熟，器型、图案也不断创新，较为常见的金银器仍为饰品。

在我国古代，鲜卑或匈奴都是马上的剽悍民族，他们身披斗篷，手握缰绳，看远处一片排山倒海之势，就是奔跑的马群扬起了一片沸腾的黄沙。

他们也有悠闲的时刻，一对热恋中的情侣，骑着马儿，徜徉在蓝天、白云、青草和羊群之中，马鬃随风飘起，马的躯体伴着马头琴的悠扬曲调而轻轻颤动，就如受到音乐感染的听众一样兴奋不已。

游牧民族离不开马，游牧民族的工艺品中也离不了马和其他草原动物的题材。如发现于内蒙古自治区科尔沁左翼中旗希伯花鲜卑人墓的一件金奔马，就是一匹以简约手法创作出来的深具异域风情的金器。此金奔马高5厘米，长8厘米，链长13.5厘米。其用途很显然是项饰，因为马颈部和臀部各铸一环以穿链。

与金奔马同一墓中还发现了一件颇具鲜卑装饰特色、造型极为新奇的金瑞兽，可惜原镶嵌物已经失落。

鎏金錾花马镫

另外，在辽宁省北票房身村石棺墓内，除了发现金质的指环、镯、钗、铃、珠和一些透雕或月牙状的金饰外，还有两件金花冠饰。

其中大冠通体都用黄金做成，高28厘米，从根基部突起一脊，两边镂空为云纹，周边还布满着针孔。上面是短而粗的树干，分成3个主柱，又分出16个分枝。枝是用金丝做成的，边前伸边间断地缠绕成若干个圆环。

这些圆环中，有的穿上一枚金叶，有的就空着，散散落落、疏密相间，陡添了几分自然的韵味。而且，风吹枝颤，金叶抖动，定会一阵玎琤响。加上人行头摆，更增加一种通过韵律所表现出来的动感。

同一县内接连发现多件同一时期的随葬物，而且这一件与冯素弗墓中金冠非常相似，从这里看到了公元3世纪时鲜卑族与汉族的空前大融合。这时的银制品仍然非常少见，在辽宁省义县保安寺村石椁墓内，发现一件圆银箍上伸出两只向上反卷银钩的银头饰。

另外，在一长方形金牌饰上，锤撰出3只回首站立的鹿纹，形象与内蒙古自治区乌兰察布盟二兰虎沟发现的相似，反映了鲜卑慕容与拓跋两族之间的联系。

隋唐五代金银器

　　隋统一全国后大量使用金银作为饰物，因此促进了隋唐金银器手工业的发展。

　　唐代在金银器制作工艺方面，既善于总结和继承前人的成就，又思路开阔，吸收消化外来文化中的丰富营养，创造出一种五彩斑斓、璀璨夺目的崭新文化。造型精美、结构巧妙、装饰典丽的金银器比比皆是。

　　五代十国时期，我国经历了分裂割据的半个世纪，但是江南保持了相对的稳定，手工业得到继续发展。特别是吴越、后蜀等小国在金银制造方面还取得了相当大的成就，江苏、浙江等地成为主要生产地。五代时期的金银工艺基本继承了唐代晚期的风格又有所发展。

五彩斑斓的隋唐金银器

从3世纪汉代结束至6世纪隋朝建立，随着商贸交流的日益兴旺，文化交流也逐步扩大和深入，各个民族相互融合，丝绸之路还带来了西方工匠的工艺和作品。

隋统一全国，高度繁荣的社会经济，大量使用金银作为饰物，因此促进了隋唐金银器手工业的发展。我国古代的金银器制作因此迎来了一个新的时代，而这些金银器有比较明显的外来文化的痕迹。

隋朝历史较短，因此金银器也较少，最具代表性的是陕西省西安李静训墓中的金银器，其中以嵌玛瑙蓝晶金项链最为精致。

唐鎏金双狮纹银碗

根据墓志和有关文献可知，李静训家世显赫，她的曾祖父李贤是北周骠骑大将军、河西郡公；祖父李崇是一代名将，年轻时随周武帝平齐，以后又与隋文帝杨坚一起打天下，官至上柱国。

银碟子

583年，在抗拒突厥侵犯的战争中，以身殉国，年仅48岁，追赠豫、息、申、永、浍、亳六州诸军事、豫州刺史。

李崇之子李敏，就是李静训的父亲。隋文帝杨坚念李崇为国捐躯的赫赫战功，对李敏也备加恩宠，自幼养于宫中，李敏多才多艺，《隋书》中说他"美姿仪，善骑射，歌舞管弦，无不通解"。

开皇初，周宣帝宇文赟与隋文帝杨坚的长女皇后杨丽华的独女宇文娥英亲自选婿，数百人中就选中了李敏，并封为上柱国，后官至光禄大夫。

据墓志记载，李静训自幼深受外祖母周皇太后的溺爱，一直在宫中抚养，"训承长乐，独见慈抚之恩，教习深宫，弥遵柔顺之德。"

然而"繁霜昼下，英苕春落，未登弄玉之台，便悲泽兰之天"。608年，李静训殁于宫中，年方9岁。皇太后杨丽华十

杨坚（541年~604年），也就是隋文帝，我国隋朝开国皇帝。他在位期间成功地统一了百年严重分裂的中国，开创先进的选官制度，发展文化经济，使得我国成为盛世之国。

唐代珠宝项链

唐炼丹用银盒

分悲痛，厚礼葬之。

李静训墓中最著名的随葬品是一件通体华光闪烁、异彩纷呈的嵌玛瑙蓝晶金项链。这条价值不菲的项链戴在小女孩颈上，可见是她生前常佩戴的一件心爱饰物。

该项链由28个镶嵌珍珠的金球穿缀而成，每个金球上嵌入10枚珍珠，金珠分左右两组，每组14个，其间用多股金丝链索相连。上端为金扣环，双钩双环，嵌刻鹿纹及方形、圆形青金石，下端为圆形和方形金饰。

项链的最中间有一颗艳红的鸡血石，鸡血石下挂着一块水滴形的蓝水晶坠饰，晶莹透明。项链的接口处由3件镶嵌青金石的金饰组成，其中一块青金石上雕刻了一只雄鹿。

大概由于墓主人是女性的缘故，该墓中有大量贵重精美的首饰，如镶嵌珠宝的金手镯、金戒指、衣饰上的金花、银指甲套等金银饰品。雕琢精细，技艺高超，反映了隋代金银细工的高水平。

除此之外，随葬品中还有波斯风格的高足金银杯和波斯萨珊王朝的银币等来自西方的物品。

618年，唐朝建立，我国进入到空前繁盛的时代，这是一个兼容并蓄而又充满了自信的时代，也是我国古代金银器技艺璀璨多姿的新时代。

到了唐代，首先宫廷对

唐代银盒

金银器皿的需求数量就相当惊人。诗人王建在《宫词》中写道，"一样金盘五千面，红酥点出牡丹花"，虽不乏夸张，但也反映了唐宫廷大量使用金银器的事实。

唐代金银器的制作中心在都城长安，这里设有官办的"金银作坊院"，是专门为宫廷打造金银器的手工业作坊。到唐宣宗大中年间，又成立了专给皇室打造金银器物的"文思院"，可能是因为"金银作坊院"的产品已难以满足皇室的需求。

唐代金银细工的工艺技巧，已颇为复杂精细，使用了钣金、浇铸、焊接、切削、抛光、铆镀、锤打、刻凿等技术。为取得最佳效果，多数产品在制作过程中都综合运用几项不同的工艺技术。

唐代在金银器制作工艺方面，善于总结和继承前人的成就，创造出一种五彩斑斓、璀璨夺目的崭新文化，因此造型精美、结构巧妙、装饰典丽的金银器比比皆是。其中，以陕西省西安南郊何家村窖藏最为抢眼，共有金银器270件，器物有碗、杯、壶、盒、熏球、钗、龙等。

这些金银器不仅造型优美，而且纹饰生动、活泼，把动物形象、花草以及人物等有机地结合在一起，空间施以鱼子纹，使金银器更加灿烂夺目。

■ 鎏金熊纹六曲银盘

鱼子纹 指瓷器开片中由于纹路交错，形成许多细眼者。因其状如鱼子，故名。宋代的汝、官、哥窑都有这种产品。以宋代哥窑产品最为著名。开片又称冰裂纹，按颜色分有鳝血、金丝铁线、浅黄鱼子纹，按形状分有网形纹、梅花纹、细碎纹等。

唐玄宗（685年～762年），李隆基，世称唐明皇，他就任以后，在皇宫里设教坊，"梨园"就是专门培养演员的地方。唐明皇极有音乐天分，乐感也很灵敏，经常亲自坐镇指导，在梨园弟子们合奏的时候，稍微有人出一点点错，他都可以立即觉察，并给予纠正。

一些造型特殊的作品，如鎏金舞马衔杯仿皮囊银壶等，其形象生动，富丽华美，体现了匠师非常丰富的想象力。

何家村舞马衔杯仿皮囊式银壶，仿游牧民族的皮囊式水壶造型，通高18.5厘米，口径2.2厘米，底径8.9至9.2厘米，重547克。

唐朝初期政权统一，很多少数民族移居中原，其中包括很多契丹族人。而这件文物恰是少数民族文化与中原文化交流和融合的产物。

此壶的制作工艺非常独特。壶盖帽为锤揲成型的覆式莲瓣，顶中心铆有一个银环，环内套接了一条长14厘米的银链与提梁相连，壶肩部焊接着一端有3朵花瓣的像弓箭形状的提梁。

壶身是先将一整块银板锤打出壶的大致形状，再以模压的方法在壶腹两面压出两匹相互对应奋首鼓尾、衔杯匍拜的舞马形象，然后再将两端黏结焊接，反复打磨致平，几乎看不出焊接的痕迹。

■ 银饼

最令人称奇的是在壶身中央、壶腹两个侧面用模具冲压的奇异的舞马图，这匹马身躯健硕，长鬃披颈，前肢绷直，后肢弯曲下蹲，口中叼着一只酒杯，其上扬的马尾和颈部飘动的绥带显示出十足的动感。

据考证，这是一匹正

在舞蹈的马。绶与"寿"谐音，再现了为唐玄宗祝寿时的壮观场面。

唐代许多文人曾写下很多关于舞马的诗句如"屈膝衔杯赴节，倾心献寿无疆，更有衔杯终宴曲，垂头掉尾醉如泥"都是形容舞马衔杯祝寿这一独特的宫廷娱乐活动。

唐代金银器不仅种类繁多，而且纹饰极为丰富。其特点是，初唐时期，无论器型还是纹饰，都具有明显的波斯萨珊朝风格，纹饰以凸棱、连珠纹及单点动物纹为常见。

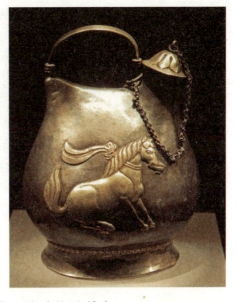

■ 唐舞马衔杯纹银壶

另外，以纤细的缠枝忍冬、四瓣或八瓣花及线条简略的折枝花为主，花与人物相衬时结构松散。如八棱带柄杯、花银高足细柄杯、胡人像银扁壶及凸雕虎纹银壶，即是典型之器。

陕西省西安市南郊唐窖藏歌舞伎八棱金杯，高6.5厘米，口径7厘米，足径4.3厘米。金杯腹以棱面为单位，各作一高浮雕男子，或歌舞、或捧物，神态自然。人物四周环以金珠，杯把作联珠圈状，指垫两侧各作高浮雕的老人头像，深鼻高目，长髯下垂，具波斯特色。

还有唐舞伎联珠柄八棱金杯，高6厘米，口径6厘米，金质。口沿外侈呈八角形，腹内收，为8棱，联珠环把，上有圆蔽遮。八棱圈足，足沿外撇。内壁素面，外壁口沿下和底沿上各饰一周联珠纹，杯身每棱

舞马 指马中能舞者。舞马，堪称马中的艺术家，它们高大、擅长表演，有极好的音乐感受能力。舞马是马匹在社会生活应用中最有特色的一种。舞马主要来自出产良马的亚欧草原地区，马舞艺术也伴随舞马传播进来，并在中原地区发扬光大。到唐代时，朝廷时舞马的训练和管理形成了一套比较完善的制度，而舞马艺术也达到灿烂的鼎盛时代。

鎏金五足朵带银熏炉

饰一条联珠纹，将杯身分成8个长方形，每个长方形中有一舞伎，姿态各异。

此外，晚唐时长江下游的一些地区，金银器皿的制作也达到相当高的水平，足可与都城的产品媲美。晚唐时期，器型继承前期；团花纹饰已从原来的陪衬地位一跃而成为主题纹饰，这也是团花纹饰的黄金时期；缠枝花则渐趋呆板被绶带纹取代。

在江苏省丹徒县，运河上有一座古老的桥梁，传说是在古代的一个丁卯日修建的，因此就叫丁卯桥。丁卯桥只是运河上的一座普通桥梁，在丁卯桥附近发现了一些藏着金银珠宝的坛子。

如果单以数量计算，那么，江苏省镇江丁卯桥银器窖藏算得上是唐代金银器最大的发现，共有各种银器950多件。

丁卯桥的银器中有大量的银首饰，包括手镯、钗和戒指等。此外，还有140多件器物都是和饮酒有关的器物，包括烹调器、盛器、食器、饮器、令筹等成套的酒具。

丁卯桥的银器并不是贵族的家藏品，很有可能属于当地某个富裕家庭。唐朝时的江南并没有被大规模开发，社会经济的发展水平低于中原地区，但是，却在一个侧面反映了当时江南一带的富庶。

还有陕西省耀县背阴村唐窖藏刻花"宣徽酒坊"银碗，高5.8厘米，口径15厘米，足径7.8厘米，银碗腹部装饰3层十瓣仰莲，外底刻出"宣徽酒坊宇字号"7字，表明此碗为内府产品。

此外，在浙江省长兴发现了100余件金银器，它们代表了中晚唐时期南方金银器的风格，器物有杯、羽觞、汤勺、铏、钗、盒、瓶、花栉、玉烛等。

这批金银器的特点是既无波斯器物，也无仿制波斯萨珊朝金银器风格的制品，从器物造型到装饰纹样已完全是成熟而典型的我国民族特色，而又极具浓郁的江南风格。

如器物造型花口器较多，碗或盒等多做成六曲、八曲的莲花瓣、桃形等，而装饰图案则以花鸟鱼虫为主，而不见狮、象、鹿等西域游牧文化风格的图案。

我国的饮茶历史可以溯源到公元前1000多年，但直至唐朝开元，即713年以后，饮茶之风才普遍流行开来，并形成了茶道。

唐代盛行煎茶法、点茶法，茶饼被奉为上品。平时，茶饼要悬挂高处，保持干燥。因此茶笼应运而生，茶笼最初是使用竹篾编成的，在陆羽《茶经》中称之为"莒"，也由底和盖组成。

但在皇家贵族则是由银或铜制作，因用这些材质制作的茶具，华丽又不会影响茶的真味。

唐代佛教盛行，较大的寺院将法堂西北角的鼓，称之为"茶鼓"。僧人在坐禅的间隙中，行茶四五匝，有助于提神修行，饮茶慢慢地成了僧徒生活的主要内容。

一些僧徒还把饮茶提高到"茶佛一味""茶禅一味"的高度。于是

狮纹 一种具有宗教意味的传统陶瓷装饰纹样，包含以狮为主的组合纹饰，单独构成画面或与人、物配合构成画面，如狮子与绣球、狮子与人物等。狮子于西汉时自西域传入，被视为祥瑞之兽。《汉书·西域传》记载：世传狮子为百兽之王，每一振发，虎豹慑服，故谓瑞兽。

■ 鎏金银壶

仰莲唐代银碗

形成了一整套饮茶礼仪，在佛教重大节庆时，往往举行盛大的茶仪。

法门寺最早建于5世纪北魏时代，东面是著名古都西安。西安在唐代成为世界最大和最富庶的城市，而法门寺也在唐代成为规模宏大的皇家寺院，史书中曾记载法门寺塔下有地宫，地宫中埋藏的释迦牟尼的一节指骨舍利和无数珍宝。

法门寺地宫中珍藏着金光闪闪的宝函。宝函一层套着一层，最外面套的是檀香木，但已经朽烂，接下来是金、银、玉、珍珠镶嵌的各种宝函，一共套了8层。

唐代金银器往往还要刻上官衔姓名，如西安北郊发现的唐代双凤纹银盘背面錾刻有"浙东都团练观察处置等使大中大夫守越东刺史御史大夫上柱国赐紫金鱼袋臣裴肃进"字样，以后陆续还发现錾有李勉、刘赞、敬晦、田嗣莒、李杆等结衔勒名的金银器，均属向皇帝进奉之物。

阅读链接

从唐代开始，我国古代金银器的制作技艺进入到一个崭新的时期，唐代金银器经历了一个由简单转向复杂的过程，从唐初的波斯萨珊朝风格转向我国传统风格。

前代盛行的错金银和鎏金技术虽然还在使用，但不再是主体，真正意义上的金银器皿成为时代的主角。更加璀璨的金银器还将出现在人们的视野中。

虽然法门寺地宫的金银器中有相当多的宗教用品，但实际上到了晚唐时期，金银器已经深入社会，遍及日常生活的各个层面，有食器、饮器、容器、药具、日用杂器和装饰品。

承前继后的五代十国金银器

907年朱全忠代唐即皇帝位，国号为梁，史称后梁，结束了李唐统治，拉开了五代十国的序幕。五代十国不过54年，在中原及其临近地区先后建立了15个"王朝"。

五代十国各有自己的金银作坊，生产了一批金银器，但能够代表工艺水平的，也就是吴越、南唐和前蜀的金银器而已。

这三国的主要地盘是江苏、浙江和四川等经济、文化相对发达的地区，发现了少量的首饰、器皿及其他多种用途的附件。

从这些零星的金银器中，可以看到具有唐代金银之遗风和略有新意的两种过渡型的制品，它们为北宋金银器

五代十国时期的金书铁券

周世宗（921年~959年），柴荣，五代后周皇帝。于954年至959年在位。年轻时曾随贾人颉跌氏在江陵贩茶，对社会积弊有所体验。史载其"器貌英奇，善骑射，略通书史黄老，性沉重寡言"，他是周太祖郭威的养子兼内侄，庙号世宗，谥号睿武孝文皇帝。

艺术风格的诞生提供了物质的、工艺的条件。

吴越国是五代十国时期十国中的一国，由浙江临安人钱镠创建。在五代十国时期，南北分裂，北方中原地区兵革重兴，对佛教限制严格。

955年，周世宗灭佛，废除未经国家颁额的寺院，并将民间保存的铜佛像全部没收。这样，原来仅仅得以维持的北方佛教更为凋零。

此时南方相对安定，一些国家的统治者热心于佛教，尤以吴越国为甚。历代吴越国王保境安民，奉中原各朝正朔，在这种环境下，吴越国境内佛教大盛。

吴越国末代国王钱俶，更是广种佛田，建造佛塔无数。据《佛祖统纪》记载：

■ 鎏金银阿育王塔

吴越王钱俶，天性敬佛，慕阿育王造塔之事，用金铜精钢造八万四千塔，中藏《宝箧印心咒经》，布散部内，凡十年而讫功。

钱俶崇佛最著名的事例就是效仿印度阿育王建造了8.4万座宝塔。这些宝塔大多为金属小塔，用来藏经卷或瘗舍利之用。以铜塔为多，铁塔略少，塔上均铸有铭文。

钱塘江边上有六和塔，传说是钱俶为了镇住肆虐一时的钱塘江大潮而建。温州白象塔是漆阿育王塔，是仅见的一

座漆塔，也就是延寿造夹纻育王塔。建造雷峰塔，则是为了奉安"佛螺髻发"。

但是，雷峰塔地宫中内放金棺的鎏金银阿育王塔和天宫中内置金瓶的银阿育王塔，是仅见的两座银塔，就是钱俶专门为雷峰塔特制，模拟唐代以金棺银椁的最高规格瘗埋佛祖舍利。

雷峰塔地宫发现的用金棺盛装"佛螺髻发"舍利的纯银阿育王塔，是当年吴越国王钱俶建造皇妃塔，后称雷峰塔的核心所在，也是他毕生崇佛的体现。纯银阿育王塔直接仿自延寿造夹纻育王塔，间接仿自鄮县阿育王塔。

这座阿育王塔通体呈纯银质地，外表局部被镶嵌上鎏金，虽经历了千年的洗礼，但依然完好无损，熠熠生辉。

在外形上，阿育王塔是单层束腰状，自下而上由基座、塔身、塔顶3部分组成，塔顶盖四角各耸立一朵蕉叶状山花，塔顶正中立着塔刹、相轮。

阿育王塔通体高35.6厘米，最宽部位为12.6厘

蕉叶 古代常见纹饰，以芭蕉叶组成带状纹饰，特指以蕉叶图样作二方连续展开形成的装饰性图案。芭蕉直立高大，体态粗犷潇洒，但蕉叶却碧翠似绢，玲珑入画，兼有北人之粗豪和南人之精细，芭蕉冬死又复生，一年一枯荣，有的民族把它看成起死回生的象征。

米，重1272克。底板、基座、塔身、顶盖、山花蕉叶、塔刹、相轮、金棺等部件，均锤揲成型后整体接合、安置。

金舍利塔

底座为方形基座，宽12.5厘米，高4.2厘米，下有一片银版封护，每个侧面有5棵菩提树与4尊禅定佛像，互相间隔排列，表现了释迦牟尼树下成佛的景象。

方形塔身的立面呈倒梯形，宽9.5厘米至12.6厘米，高9厘米，四面的圆拱形龛内镂刻佛本生故事画面，每面一幅，一图一景，上面四角各立着一只大鹏金翅鸟。金翅鸟用梵语叫"迦楼罗"，为护法的"天龙八部"之一。

鎏金银塔

在塔身四面的佛本生故事，正面雕刻着"萨埵太子舍身饲虎"，以此面作为观察者视线的前面，则右面为"快目王舍眼"，左面为"月光王施首"，后面为"尸毗王割肉贸鸽"本生。

塔身的最上层图案，两边为忍冬纹，正中以兽面作装饰。佛本生故事讲述了释迦牟尼前生的累世修行，意在宣扬佛的善行。

塔顶盖四角的山花蕉叶，每个角的向外部分都垂直折成两个面，每个面各分上下两层，上面锤揲，镂刻佛传故事画面共16幅。

每个角的向内部分，则锤揲佛坐像、立

璀璨的金银

像和舍利瓶，舍利瓶象征着释迦牟尼的涅槃。

金棺银塔其意义等同于金棺银椁，是瘗埋佛舍利的最高规格。

雷峰塔的天宫也发现有银质阿育王塔，但塔的顶部夹杂在一堆砖头里，边上还散着很多铜钱，这座阿育王塔已被挤压得严重变形，塔里放着的舍利金瓶也被压扁，不过金瓶里的舍利还是完整的。

天宫、地宫两座银质阿育王塔的形制、装饰题材、质地均相同，不同之处是地宫的阿育王塔内有金制容器，即"金棺"，存放当年钱俶供奉的"佛螺髻发"舍利；而天宫的阿育王塔内悬挂4厘米高的葫芦状金瓶，内装舍利。

此外，浙江省临安县板桥的五代早期墓葬中，墓主人应该是吴越国的王室成员。这里共有银器17件，总重6500克，器形有盂、盘、壶、碗、盒、匙、筷等，器物或素面，或錾刻花卉、花鸟纹样，银器在造型和装饰图案上，多沿袭唐代的特点和风格。

南唐是五代十国的十国之一，定都金陵，即南京，历时39年。南唐一朝，最盛时幅员35州，大约地跨江西全省及安徽、江苏、福建和湖北、湖南等省的一部分。

南唐三世，经济发达，文化繁荣，使得江淮地区在五代乱世中"比

057

金碧辉煌

隋唐五代金银器

■ 十国时期银质文告

年丰稔，兵食有余"，为我国南方的经济开发做出了重大贡献，南唐也因此成为我国历史上重要的政权之一。

南唐时，扬州、润州的金银器和铜器制造堪称典范，据传李煜特命工匠打造高达6尺的金莲，宫女窅娘立于莲上，缠足翩翩而舞。

戚氏《续志》中说："金陵坊银行街，物货所集。……"这些坊均为手工业作坊集中地，所谓银行，就是金银器加工场。

如安徽省合肥市南唐汤氏墓发现的四蝶银步摇，通高19厘米，宽9厘米，用银丝盘成4只飞舞的蝴蝶，两翅镶满黄色琥珀，下垂珠玉串饰，制作极精致。

步摇是一种头上的饰品，多插在各种形状的高髻之上。其名称意喻随步而摇动，可以以细丝连接几个部分，又可以形成下垂的珠链式。稍有震动，便晃动摇摆。自古以来，无数文人墨客在描绘美女风姿时，常在步摇上斟酌佳句。

如白居易在《长恨歌》中吟"云鬓花颜金步摇"，用来勾画杨贵妃的倾城之貌。另有"丽人绮阁情飘飖，头上鸳钗双翠翅""灯前再览

■ 南唐四蝶银步摇

璀璨的金银

■五代吴越银盖托

■ 吴越国金龙

青铜镜，枉插金钗十二行"和"步摇金翠玉搔头"等都如实记录下当时的金、银、玉、翠等步摇的装饰趣味。

这支南唐四蝶银步摇代表了五代艺术的秀气玲珑风格。它主体是以银片和银丝做成4只蝴蝶戏花形，然后再以银簧与钗颈相连。这样的步摇戴在头上，随莲步微挪而轻轻颤动，宛如彩蝶飞舞于花丛之中，它一方面说明了唐至五代人们酷爱花鸟题材，一方面还隐喻着对美好爱情的向往与追求。

同处发现的还有南唐金镶玉步摇，通高21厘米，宽14厘米，上端像双翅展开，镶着精琢玉片花饰，其下分垂珠玉串饰。

另外，还发现有南唐时银质钵，高2.5厘米，径7.6厘米，重56.7克，圆形，包浆古旧，形体自然、流畅，钵体厚实，制作精美，线条流畅，品相完好，当为五代南唐皇室或上层贵族所用。

白居易（772年～846年），字乐天，晚号香山居士、醉吟先生。祖籍山西太原，胡族后裔，生于唐代时河南新郑。中唐最具代表性的诗人之一。作品平易近人，乃至于有"老妪能解"的说法。其作品在作者在世时就已广为流传于社会各地各阶层，乃至外国，如新罗、日本等地，产生很大的影响。著名诗歌有《长恨歌》和《琵琶行》等。

前蜀是五代时十国之一，由高祖王建所建，都城在成都。盛时疆域约为四川大部、甘肃东南部、陕西南部、湖北西部。历二主，共18年。王建的陵墓坐落于成都市中区，墓中发现了极为豪华的金银平脱器朱漆册匣等，嵌孔雀、狮、凤、武士等花纹，较之唐代制品毫无逊色，说明五代工匠已能熟练制造平脱器。

该墓发现有银、铜、漆、玉、石、陶质随葬品30余件。棺内有玉銙、铊尾和银扣保存完好的大带。银盒、银钵、银兽、银颐托、金银胎漆碟、银平脱朱漆镜奁，装饰繁缛精美，是当时的工艺佳作。

金银平脱漆器自唐代开始成为皇家御用和馈赠的高档礼品，唐代的金银平脱器的制作已经有了明确的分工，即平脱花片由金工镂刻，然后再由漆工镶嵌在漆器上。

阅读链接

江苏省苏州瑞光塔又称"瑞光寺塔"或"瑞光院塔"。瑞光寺，初名"普济禅院"。247年，孙权为了报答母恩，在瑞光寺中建造了十三级舍利塔。五代后晋时重修，并敕赐一枚铜牌置于塔顶。

在塔的一二层之间，发现有一石函，石函内放漆器和五代嵌螺钿藏经箱，上面写有"辛酉岁建隆二年十二月十七日丙午入宝塔"，箱内放有已经硬化作黑色的磁青纸经7卷，各卷外面用绢质物包裹以及锦包竹簾一块、长方形象牙牌一块和破残经帙。

嵌螺钿藏经箱长35厘米、宽12厘米、高12.5厘米，木胎，用合题法镶榫制作。长方形，箱盖盝顶，台座略宽与箱身连接。表面黑漆，经箱上的花纹图案都是用螺钿装饰。

经箱的台座用须弥座形式，设壶门，壶门内贴嫩芽形图案的木片，上面贴金箔，间以花瓣形贝片图案。盖、身、台座缘镶嵌由花苞形、四瓣花形、鸡心形组成带条，这些装饰既显示镶嵌制作的细谨，又衬托出整体图案的绚丽多姿。

宋元明清金银器

宋元金银器以器型设计构思巧妙、富有灵活性与创造性的多种加工技法为特征，以其小巧玲珑的形制显示出造型工艺技巧的高超。同一种金银器皿的造型还往往具有多种不同的形制。

明清两代金银器越来越趋于华丽、浓艳，宫廷气息愈来愈浓厚。器型的雍容华贵，宝石镶嵌的色彩斑斓，特别是那满目皆是的龙凤图案，象征着不可企及的高贵与权势，这一切都和明清两代整个宫廷装饰艺术的总体风格和谐一致。

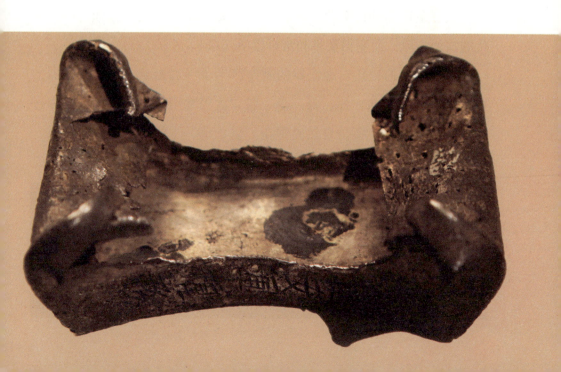

清新素雅的宋代金银器

两宋时期，金银器的制造业更为商品化。皇亲贵戚、王公大臣、富商巨贾，都享有着大量的金银器，上层庶民和酒肆的饰品及饮食器皿也都使用金银器。

随着金银器的社会化，宋代金银器无论在造型上或纹饰上一反唐代的富丽之风，而变得素雅和富有生活气息。

时代风气的变化对金银器的制作产生了深远影响。宋代金银器的造型极富变化，盏、杯、碟、盘、瓶、盒等常用器物都各有不同的样式；不少器皿直接模仿自然界中花、果、草、木的形态，清新素雅、匠心独运。

金头钗

■ 莲瓣纹银碗

宋代金银器以器型设计构思巧妙、富有灵活性与创造性的多种加工技法为特征。

如江苏省南京幕府山宋墓发现的鸡心形、蝌蚪形金饰，龙凤、团龙、如意金簪和金丝栉背，都以其小巧玲珑的形制显示出造型工艺技巧的高超。

这时期，同一种金银器皿的造型还往往具有多种不同的形制，如杯、盏就有五曲梅花形、六曲秋葵形、八曲方口四瓣花形、十二曲六角栀子花形、八角形及荷叶形、蕉叶形、重瓣菊花形、桃形、柿形、瓜棱形与柳斗形等。

如江苏省溧阳平桥发现的宋代鎏金覆瓣莲花式银盏，即分作单瓣、重瓣和覆瓣形3种。该盏通高5.3厘米，口径9厘米，重6.5克，鎏金。

直口平唇，弧圆腹，喇叭形圈足。口沿外錾刻一周花蕊纹，盏体锤揲出外突的覆莲瓣，圈足錾刻重瓣覆莲及联珠纹。盏内底心锤出隐起莲蓬，含莲子13

团龙 龙纹的一种表现形式，以龙纹设于圆内，构成圆形的适合纹样，称为"团龙"。团龙适用性强，又保持了龙的完整性，装饰味也很浓，运用十分广泛。团龙图案表现形式多样，有"坐龙团""升龙团""降龙团"等，是权势、高贵、尊荣的象征，又有攘除灾难，带来吉祥的寓意。

■北宋银盒

璀璨的金银

枚，周刻花蕊纹两周。整盏纹饰犹如一朵怒放的莲花，具有古朴清雅的风格。

盘除圆形外，还有海棠形、五瓣梅花形、六瓣菱花形、重瓣菊花形及八角形和四角如意云头形。盒也有圆形、八瓣花形、八棱菱花形、十二曲花瓣形与三十二曲花瓣形等多种。

宋代有大量仿古青铜礼器形制的银器，如江苏省溧阳平桥发现的双兽首耳乳钉纹鎏金夹层银盏和江西省乐安窖藏的乳钉纹凸花银杯等，为使其外观具有铜器的浑厚凝重感，而采用了前所未见的夹层合成法制作，表现出灵活多变的加工技巧。

双兽首耳乳钉纹鎏金夹层银盏口径8.7厘米，底径5厘米，通高7.1厘米，重178克。直颈，侈口，圆鼓腹，圈足，双兽首耳，风格浑厚凝重，盏内外壁为夹层，盏内素面，颈外饰两周雷纹，腹部为雷纹地斜方格乳钉纹，兽首耳正面作雷纹地乳钉纹，圈足下部有一道雷纹。

宋代金银器的装饰工艺继承和发扬了唐代的传统。装饰花纹多按照器物造型构图，并采用新兴的立体装饰、浮雕形凸花工艺和镂雕为主的装饰技法，将器型与纹饰结合成完美和谐的整体，使器物具有鲜明的立体感和真实感。

乳钉纹 古代常用纹饰之一。是青铜器上最简单的纹饰。纹形为凸起的乳突排成单行或方阵。另有一种，乳钉各置于斜方格中，以雷纹作地纹，称为"斜方格乳钉纹""乳钉雷纹""百乳雷纹"。盛行于商周时期，殷周之际，乳钉突出较高，周初有呈柱状形的。

如河北省定州塔基发现的宋代缠龙银瓶和银塔，龙的形象栩栩如生。

江苏省溧阳平桥窖藏的宋代蟠桃鎏金银盏采用立体装饰，于半桃体形的盏口沿上焊接出形态逼真的枝叶，既为装饰又是把手，还在盏内底压印有"寿比蟠桃"4字，将器型、纹饰、实用及寓意融为一体。

五曲梅花鎏金银盏，是1981年在此出土的。其口径9.4厘米，底径4.4厘米，高4.8厘米，重61.5克。银盏敞口，呈五曲梅花形，深腹；五曲花口圈足，外侈。盏内壁每一花瓣区间刻有形态各异的折枝梅，底心凸饰梅花一朵；圈足边饰几何纹带；凡文饰处均鎏金。

银盏为酒具。使用贵重的银质酒器，在宋代官府及民间上层社会中十分流行。宴席上摆上一套银餐具，其豪华气派更能增添宴会气氛。这件五曲梅花鎏金银盏造型别致，文饰精美，造型和装饰图案融为一体，恰似一朵盛开的梅花。

一同在此出土的还有六曲秋葵花鎏金银盏、八曲菱花鎏金银盏和十二曲六角栀子花鎏金银盏。银盏制作工艺采取了锤击、刻、焊接等方法，表现了宋代工匠的高超技艺。

六曲秋葵花鎏金银盏，口径9.8厘米，底径4.2厘米，高5厘米，重62.5克。银盏敞口，深腹，设圈足，

蟠桃 民间称寿桃，神话中，西王母娘娘做寿，设蟠桃会款待群仙，所以一般习俗用桃来做庆寿的物品。送寿桃是我国传统习俗之一，象征着晚辈对老前辈的孝敬，每当老年人过生日时，做儿女的都要送寿桃给老人，以祝老人健康、长寿、幸福。而旧时人们认为老人吃了寿桃会变年轻，进而长寿。

花鸟人物纹银盏托

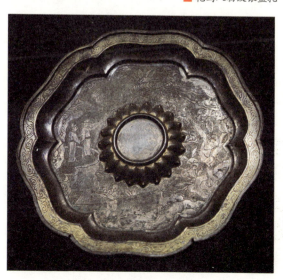

腹壁作6片花瓣依次叠边，圈足亦呈六曲花口，外侈。内壁花瓣区间皆刻测视的秋葵一枝，底心凸刻俯视的秋葵花一朵。圈足边饰几何形纹。文饰处鎏金。

此盏造型、图案皆以秋葵为题材，形神兼备，仪态万方，刀法细腻，堪称宋代银器的代表作品。

在宋代金细工艺中常用龙作为装饰的题材，龙是古代人们想象中的神物，是传统的吉祥象征，常常装饰在人们的日用物品上。

在安徽省发现的宋双龙金香囊，长7.8厘米，宽6.5厘米。香囊为鸡心形，佩挂腰间，用于辟邪除灾。系用两片金叶锤压合成，中心微鼓，边缘较薄，边缘镂刻连珠纹和草叶纹，两面纹饰一样，均镂刻首尾相对的双龙纹，中空处应是填香料的地方，顶端有一穿孔，用以穿系佩挂。

该香囊在制作上采用锉、刻和压模等工艺制成，既是实用的装饰品，又是精致的工艺品。

江苏省南京幕府山宋墓的鸡心形金饰件，高8.5厘米，宽5.7厘米，以透雕和凸花工艺相结合的装饰技法，刻画出一对金凤翱翔在花丛之中的生动形象。

四川省彭州市西大街窖藏是最大规模的宋代金银器

窖藏，共发现各式器物350件，集中展现了宋代金银器的整体风貌。

江苏省南京长干寺遗址地宫发现宋代金器、银器、鎏金器20余件，以阿育王塔为其代表，反映了宋代银作工艺的最高水平，器物外覆鎏金银板，银板采用锤揲工艺等制作佛像和题记。如长干寺舍利银椁，盖长11.5厘米，底头宽4.3厘米，尾宽3厘米，头高4.9厘米，尾高3.9厘米，重223克。

银椁和头部錾刻乳钉、栅栏，每门3排12枚，门两边刻草纹，门上刻流云一道，在中间拥托慧日智珠一颗，椁后头刻缠枝花叶，作如意状，椁两旁各刻高髻，双首鸟身迦陵频迦，四翅，一手托花盘，一手作张开状，飞行在缠枝花叶之中。

椁盖顶刻飞天两个，高髻，裸上身，下着长裙，首戴璎珞，左手张开高举，右手持花盘，作翻身回顾之状，后者双手持果盘，作行进之状，绶带飘逸，前端有如意宝珠，四周刻流云和圈点纹。

长干寺舍利金棺盖长6.4厘米，底长5.1厘米，头宽1.9厘米，尾宽1.6厘米，头高2.8厘米，尾高2.1厘米，重96克。

金棺除棺底外，遍体浅刻精细花纹，都以珠纹作地，棺头下刻乳钉各3排9枚，中部刻窗棂，顶部刻卷云如意纹，棺后刻如意状花叶5朵，顶托慧目。

■ 宋代鎏金经塔

圆雕 又称立体雕，可以多方位、多角度欣赏的三维立体雕塑。圆雕是艺术在雕件上的整体表现，观赏者可以从不同角度看到物体的各个侧面。它要求雕刻者从前、后、左、右、上、中、下全方位进行雕刻。圆雕作为雕塑的造型手法之一，应用范围极广，也是老百姓最常见的一种雕塑形式。

■南宋"苏宅韩五郎"金锭

　　两侧各刻飞天2人，前者两臂伸张，后者双手捧果盘，四周布满卷云如意纹图案，棺盖刻3只仙鹤翱翔于如意云纹之中，刻纹雕镂精细，活泼流畅，在唐代金银器中实属罕见。

　　长干寺舍利小金棺盖长2.9厘米，底长2厘米，底宽0.7厘米，头高1.1厘米，重5克。遍体素面无纹饰，藏于长干寺舍利金棺内，棺内盛有阿育王舍利11粒，外裹墨书签字纸条。

　　宋元金银器的花纹装饰题材广泛，可大致分为花卉瓜果、鸟兽鱼虫、人物故事、亭台楼阁及錾刻诗词5类。

　　花卉瓜果类纹饰多象征幸福美好、繁荣昌盛，有牡丹、莲花、梅花、石榴、山茶、菊花、桂花、葵花、仙桃、佛手、香橼、灵芝、芙蓉、莲子、秋葵、荔枝、海棠、绣球等多种。

　　鸟兽鱼虫类用于隐喻健康、长寿和富有，如狮子、仙鹤、龟、

璀璨的金银

■辽代银囊盒

宋代金簪花

鱼、蝴蝶、蝙蝠之类。

亭台楼阁类常与其他纹饰配合，用作人物故事或以錾刻诗词为题材的画面装饰，如江苏金坛窖藏的元代凸花人物故事银盘，即用人物、亭阁构图表现出唐明皇游月宫的故事情节。

而福建邵武县发现的宋代鎏金八角夹层银杯，杯心錾刻《踏莎行》词一首，杯身外壁八面分别用凸花人物、亭阁、花卉组成连环画面，表现词中描绘的新科状元骑马游街，志得意满的形象，整个器物的花纹图案装饰充满诗情画意。

五代至南宋，洱海为中心的云南为大理国所辖。大理国是白族先民的白族贵族段思平所建立的地方政权，辖有8府4郡37部，范围包括云南和四川省西南部等地区。

在崇圣寺三塔主塔千寻塔的塔顶四角，原来铸有4只巨大的金翅鸟。"金翅鸟"又名"大鹏金翅鸟"，亦名妙翅鸟，梵名"迦楼罗"，原是古印度传说中的大鸟，因这种鸟翅翻金色而得此名，为佛教护法神中的"天龙八部"之一，传说能日食龙3000，能镇水患。据李元阳《云南通志》记载，世传龙性敬塔而畏鹏，故以金翅鸟装饰塔顶四角，其作用是镇压洱海的龙妖水怪。

宋代鎏金菱花花镜

南宋刻字银铤

此外，崇圣寺塔主塔塔顶还发现有大理石五色塔模型舍利盒，通高19厘米，底径12.3厘米，塔模通高17厘米。

金代金银器较少，陕西省临潼金代窖藏有金步摇、金耳饰、金片饰、银钗、银项圈、银镯，反映了金与汉族在文化上的融合。

另外，在黑龙江省绥滨中兴金墓也发现有金耳坠、银钗、银钏、银簪、银耳坠、金指环、金花饰、银鞍饰、银碗等金银器。

在绥滨奥里米金墓中发现金耳坠、银钏、银钗、银片和带有忍冬图案的金饰件。这些金银器的式样，有的与中原地区相同，有的则具有地方特色。在黑龙江省阿城发现的银镯上也打印有"上京翟家"的戳记，据考证，这可能是一家由汉族人经营或有汉人参加的设在金代上京的手工业金银店铺。

阅读链接

宋代金银器的工艺继承了唐代的传统并加以改进。锤揲技法获得了更为巧妙的利用，出现了许多具有高浮雕效果的器物；夹层工艺在宋代广为应用，解决了胎体轻薄与形态优美之间的矛盾。

宋代金银器中并非没有繁复华丽的器物，但总体呈现出简约平易的特征，许多器物素面无纹，金银成色也略逊一筹。唐代雍容华贵的艺术风格逐渐演化为宋代世俗化的面貌；外来文明的特征渐趋淡化，我国传统文化的韵味愈益浓厚。

朴素实用的元代金银器

元代沿袭唐宋以来的官府手工业机构，设有金银器盒提举司，专职掌管皇室及贵族用金银器的制作与供给。

元代银器的制作中心在浙江和江苏。元陶宗仪《辍耕录》记载：

浙西银工之精于手艺，表表有色者，有嘉兴朱碧山、平江谢君余、谢君和、松江唐俊卿等。

元代朱碧山银槎

这些大师名匠的作品，传世极为罕见，仅见元代最负盛名的朱碧山大师的名器银槎。槎，是木筏的别称。古代神话传说中往来于天上的木筏称为星槎。元明以

璀璨的金银

来，酒杯作成槎形，深得文人士大夫的欣赏。

该银槎形为破土蟠蜿的老根，桠杈之上瘿结错落，枝杈纵横。一仙风道骨的老者倚槎而坐，右手执卷，专心研读。槎杯是用白银铸成以后再施雕刻的，道人的头、手及云头履等皆铸后焊接而成，浑然一体，毫无痕迹。

正面槎尾上刻有"龙槎"两字，杯口下刻有"贮玉液而自畅，泛银汉以凌虚，杜题"行楷14字，槎下腹部刻有"百杯狂李白，一醉老刘伶，知得酒中趣，方留世上名"楷书20字。尾上刻"朱碧山"款识。

这件银槎杯造型独特新颖，意韵恬静超脱，极具文人性情，工艺也达到了炉火纯青的程度，是一件稀世艺术珍品。

元代以苏州地区为中心的金银器制作业十分发达，苏州吴门桥元末张士诚之母曹氏墓发现的一批金银器，反映了元朝金银器制作的高超水平。其中盛放整套银质梳妆用品的银奁和银质镜架，既完整又完美。

此银奁呈葵花状六瓣形，通高24.3厘米，共有上下3层，各层之间以子母口套合，上面有器物盖，下有银托盘。

银奁上层盛放银刷两把，银镜、银剪和银刮片各一件。中层内置银圆盒4件，小银罐一件及

■ 筒状刻花卉银奁

大小银碟各一件，应该是化妆盒，分别盛有粉、胭脂、黄绸粉扑；下层有银质梳、篦、脚刀、小剪刀、小盂各一件。奁内用具品种齐全，小巧玲珑，制作精细。

银奁的表面和奁内的小圆盒、银篦、银梳、把以及托盘盘心都饰有四季花卉组成的团花，有牡丹、芍药、海棠、荷花、梅花、灵芝等，这些传统花卉图案象征着富贵、长寿、喜庆、吉祥。

众多的随葬器皿最精美独特的是银镜架。镜架呈折合式，整体由前后两个支架构成。后支架为主体，架身通高32.8厘米，宽17.8厘米，由两根竖杆、3根横杆构成，可分为上、中、下3部分。

中部竖向分为3组：中心一组，上段如木方形，錾饰连续卷草纹；下段为浮雕团龙纹；左右两组，仿佛窗式，装饰各自对称，上下开雕柿蒂形状的框栏，中段镂雕缠枝牡丹。

上部作如意式样的框架，栏内雕镂"凤穿牡丹"，顶端联络有流云纹衬托的葵花。有荣华富贵、丹凤朝阳之意。下部分为支架，底部横档安置活络底板，一饰突起的六瓣葵形边框，中间浮雕鸟雀花草。

前支架为副架，造型与主架下半部完全相同，套八主架以销钉相结合，可开可合。副架上部横杆安置活络面板，一端以双钩斜向连接于主架中部的圆眼，成一斜面以置银镜。

面板饰六瓣葵瓣边栏，内饰浮雕太阳和寓意月亮的月兔。日月象征君后，比喻圣贤，这日月图像构思在置镜的面板，别有妙处。主副

乘驿银牌

■ 元代银马勺

六字真言 唵嘛呢叭咪吽，又名六字真言或六字大明咒，是佛教最常见的真言，是观世音菩萨愿力与加持的结晶，故又称为观世音的心咒，除了刻在石上，亦多刻在转经筒上。

■ 元代锦地纹银盘

支架栏杆出头部分均作如意头，象征吉祥。

银镜架设计构思新奇，仿木制框架式结构，折合式支架，开合自如。造型豪华端庄，雕镂的装饰玲珑剔透，虚实相宜，体现了设计者的匠心。

这些纹饰，装饰繁缛，工艺极其精湛，全是用锤子工夫，一凿又一凿精心锤敲出来的。镜架上的纹饰犹如浮雕，凹凸得宜，层次分明。

江苏省金坛洮溪发现有元代银盘，口径16.5厘米，板沿浅腹平底，在底部刻有阿拉伯文的回历纪年铭文，经译为回历"714年1月"，即1314年。这为探讨窖藏的时间提供了一定的依据。

洮溪还发现了一件元梵文盘，其口径14.8厘米，板沿浅腹平底，盘口沿刻一周回纹，盘底上压印梵文，周围一圈为韦驮之降魔杵，梵文经鉴定为六字真言的首字"唵"。

元代金银器在宋代的基础上，其形制、品种都有进一步的发展，并形成了比较明显的时代风格。元代由于历史较短，金银器为数不多。然而从文献材料上看，当时的金银器饰品并不稀见。

从总体上看，元代金银器与宋代金银器相近似，其中银器数量多。金银器品种除日用器皿和饰品外，陈设品增多，如瓶、盒、樽、奁、架等。

元代大多数金银器均刻有铭款，这对研究元代金银器的发展具有重要价值。

如洮溪元代窖藏蟠螭银盏，口径6.8厘米，通高3.9厘米。直口圆腹圈足，有一螭虎龙攀缠外壁，头部伸出盏口，螭虎龙的造型生动活泼，栩栩如生。盏内壁刻云螭纹，盏口外沿印有"范婆桥西徐二郎花银"的戳记。

湖南省津市一处元代金银器窖藏，发现有金器6件，银锭两件，其中两件八棱龙凤纹双耳金套杯和花果金簪最为精致。

八棱龙凤纹双耳金套杯共两件。其中一件通高6.3厘米，口径7.8厘米，底径4.3厘米，重95克。金器以黄金制成，敞口呈八棱形，内外两杯相套。内杯口沿外卷，圆底，高3.2厘米。杯内有墨书痕迹，字迹模糊不清。

外杯平沿，口沿下累刻一圈回纹，上腹八棱形，饰对称双耳，下腹内折，底腹圆，焊接喇叭形圈足。纹饰以模印为主，局部錾刻。

八棱之间凸起框内分别模印花卉、龙凤纹。龙作盘曲状，毛发向上飘拂，口皆张，龙鼻上卷，背錾刻点状纹。凤作飞舞

龟云四合金饰品

■金凤簪

状，嘴如鹰钩，翎毛飘扬，凤翅舒展，凤尾舞动，仿佛在凌空旋转翱翔，栩栩如生。该器物纹饰华丽，造型高贵典雅，应为元代达官显贵使用之物。

根据器形和纹饰分析，这批金银器应是元代的遗物，银锭形制及戳有银铺记号的特点，与江苏省吴县吕师孟墓发现的银锭相同。

龙凤是我国历代工艺品中常见的纹样，而元代的龙凤纹有很强的时代特征，往往是装饰成为足踏卷云，颈毛飘拂，作飞舞姿态，显得很有生气。元代的龙凤纹也反映民族特征，威猛的雄姿、叱咤风云的气质，这是蒙古族个性最好的写照。从造型纹饰看，元代金银器讲究造型，素面者较多，纹饰大多比较洗练，或只于局部点缀装饰。

然而，元代某些金银器亦表现出一种纹饰华丽繁复的趋向。这种趋向对明以后金银器风格的转变，有着重要的影响。如江苏省吴县吕师孟墓中发现的如意纹金盘，高1.3厘米，宽16厘米，盘以4个如意云纹组成，线条为锤揲而成的突起阳文，两下相互重叠，盘心又捶出4个小如意云纹，形似花朵，其余部位满饰錾刻缠枝花卉纹。盘底刻有"闻宣造"3字铭文。

该盘造型新巧，别具一格，如意云纹既是纹样，又是构成器形的一个组成部分，使装饰与造型完美地

卷草纹 我国传统图案之一。多取忍冬、荷花、兰花、牡丹等花草，经处理后作"S"形波状曲线排列，构成二方连续图案，花草造型多曲卷圆润，通称卷草纹。因盛行于唐代，又名唐草纹。

结合在一起。如意云头尖角向外，呈放射状伸展，为盘形奠定了方形的四角。

4个如意云头的8个卷涡纹以虚线相连，形成外缘圆而内缘方的图形，而盘心的小如意云头则以同样的十字交叉形式组成外方内圆的形状，使该盘的方圆组合达到圆融无碍的境界。

两对如意云纹采取相叠的方式是颇有创意的，由于相叠，产生了平面装饰允许范围内的纵深感、层次感，使金盘在单纯中蕴含了更丰富的美感；同样由于相叠，使如意云头原本完全相等的两个卷涡形产生了一隐一显、一藏一露、一整一破、一大一小的巧妙变化，同时两者相连又产生一个新的图形，使观赏效果又多一个层次。

金盘口沿的处理使器物更显厚重，使空间层次感得到充分的渲染。该盘的空间处理除上述之外，精细的线刻牡丹纹构成了又一层次，牡丹花头外圈呈圆形，内圈则为方形，又暗合了金盘方圆交互的审美意蕴。

同墓中还发现有缠枝花果方形金饰件，长8.5厘米，宽7.9厘米，为腰带饰件，表面高浮雕缠枝花卉。

阅读链接

元朝统治者以游牧民族入主中原，其生活起居、器用服饰不可避免地会带有北方少数民族的特色，喜用金银等贵重金属制作器物就是其中之一。

13世纪时，意大利人马可·波罗曾到过元大都，在他的《游记》中详细描述了忽必烈大宴群臣的场面，对满席陈列的金银器具之奢侈华美尤为惊叹，艳羡之情溢于言表。

生动而古朴的明代金银器

明代统治者用金银珠宝制作装饰品和生活用具，数量大得惊人，工艺技巧高超，制作精细入微，集传统花丝、镂雕、錾刻、镶嵌技术之大成。

豪华精美品种繁多，如金丝织成金冠、凤冠，嵌玉金花仅定陵就有数百个。

万历皇帝金冠

江西省南昌的"益庄王金丝冠""金丝楼阁编花头饰"，是以金丝编成6.7厘米见方，上面又编出树木、楼阁、仙鹿、白鹤等物，奇巧细致之极。

明代的金银器制造工艺高超，造型庄重，装饰华丽，雕镂精细。器物用打胎法制成胎型，主体纹样采用锤成凸纹法，细部采用錾刻法，结合花丝工艺，组成精美图案，有的器物镶嵌珍珠宝石，五光十色。金银上凿刻压印"官作"或"行作"或工匠名及成色。

北京是明朝的都城，尤其皇帝的陵墓就在北京，因此在"明十三陵"的定陵中，发现皇帝、皇后所用的贵重的金银器，代表了皇家气势。其中以金冠、金壶等为代表作。

定陵万历皇帝金冠重826克，由518根直径0.2厘米的金丝编织而成，孔眼匀称，外表光亮，没有任何接头痕迹。冠上镶嵌二龙戏珠，姿态生动，龙身细鳞也是金丝掐成，是花丝镶嵌的经典之作。

金冠形制由前屋、后山和金折角3部分组成，前屋部分是用极细的金丝编成"灯笼空儿"花纹，空当均匀，疏密一致，无接头，无断丝。

后山部分是采用累丝錾金工艺而成的二龙戏珠图案，龙的造型雄猛威严，具有强烈的艺术装饰效果。翼善冠用极其纤细的金丝编结，采用传统的掐丝、累丝、码丝、焊接等方法，工艺技巧登峰造极，充分反映了明代金钿工艺的高超水平。

明代金器在工艺上保持着较高水准，并有自身特点，如较多地使用宝石镶嵌手段等。该冠是最能代表明代金器发展水平的金器之一，具备造型大方、纹饰繁缛、用金厚重、装饰堆砌的明代金器独特风格。

凤冠是皇后的礼冠，在受册、谒庙或者朝会时戴用。古代皇后的服装是非常讲究的，常有"凤冠霞

■ 明代鎏金乌纱翼善冠

明十三陵　我国明朝皇帝的墓葬群，坐落在北京西北郊昌平区境内的燕山山麓的天寿山。这里自1409年5月始作长陵，到明朝最后一帝崇祯葬入思陵止，其间230多年，先后修建了13座皇帝陵墓、7座妃子墓、1座太监墓。共埋葬了13位皇帝、23位皇后、2位太子、30余名妃嫔、1位太监。

■ 明代孝靖太后凤冠

"帔"的说法，实际上，凤冠霞帔是所有后、妃、命妇用于朝见等礼仪场合的礼服统称，细分起来等级差别相当严格。

在《明会典》和《明史·舆服志》中有详细记载，仅一凤冠上的动、植物形象、种类、数量就有明显的区别，质料、颜色、形状更不能相同，否则下级就有犯上的大罪。

定陵发现的凤冠共4件，三龙二凤冠、九龙九凤冠、十二龙九凤冠和六龙三凤冠各一顶，孝端、孝靖两位皇后各两顶。

冠上饰件均以龙凤为主，龙用金丝堆累工艺焊接，呈镂空状，富有立体感；凤用翠鸟毛粘贴，色彩异常艳丽。

凤冠造型庄重，制作精美，其工艺有花丝、镶嵌、錾雕、点翠、穿系等项。冠上嵌饰龙、凤、珠宝花、翠云、翠叶及博鬓，这些部件都是先单独作成，然后插嵌在冠上的插管内，组合成一顶凤冠。

点翠面积大，4顶凤冠上有翠凤23只，翠云翠叶翠花多达数百片，宝石镶嵌多达400余颗，大小珠花及珠宝串饰的制作也不少。

最后的组装更是一项非常复杂的工序，各饰件的放置，几千颗珍珠的穿系，几百颗宝石的镶嵌，诸多饰物于一冠，安排合理。凤口衔珠宝串饰，金龙、翠

《明史》 是二十四史最后一部，它是一部纪传体断代史，记载了自朱元璋洪武元年至朱由检崇祯十七年200多年的历史。其卷数在二十四史中仅次于《宋史》，但其修纂时间之久，用力之勤却大大超过了以前诸史。

凤、珠光宝气交相辉映，富丽堂皇，非一般工匠所能达到。

凤冠上金龙升腾奔跃在翠云之上，翠凤展翅飞翔在珠宝花叶之中。

定陵万历孝靖皇后的九龙九凤冠，高27厘米，口径23.7厘米，重2300克，九龙九凤冠有珍珠3500余颗，各色宝石150余块，冠的内胎用漆木丝扎制，通体簇上各色珠宝。前部接近顶端有9条金龙，每条龙的口中衔着"珠滴"，可以在走动的时候，像步摇那样随步摇晃。

下面为点翠八凤，另有一凤在最后，当取九鼎之意，象征着九州之最高统治者的夫人。冠后底部左右悬挂着翠扇式翅叶，点翠地，嵌金龙，再加上各色的珠宝花饰，集中显示了明代镶嵌金银细工的发达。

北京除了皇帝陵，万贵墓、通墓和董四墓中也都有重要发现。万贵《明史》有传，生于1392年，卒于1475年，为宪宗万贵妃之父。万通则为万贵之子。董四是一名姓董行四的太监。

如北京市右安门外万贵墓发现的錾花人物楼阁图八方盘，高0.9厘米，径16.2厘米，边长6.6厘米，盘八方形，先以范铸成型，而后錾刻花纹图案。盘沿为一二

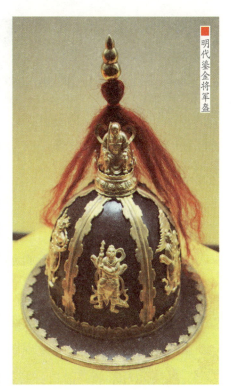

明代鎏金将军盔

明代金锭

方连续几何图案，盘心主题
纹饰为一组人物故事图。

明代八角金杯

图案内容极为丰富，描
绘了人物、楼阁、树木、水
波、桥梁、马匹、山石等，
以人物、楼阁为主体，共刻
画人物21位，或骑马、或携
琴、或交谈、或对饮。

人物錾刻随意、洒脱、自如，似信笔而为，却又极富神采，笔笔
到位。重檐楼阁用笔却极严谨，似界画，一丝不苟，整体画面动中有
静，静中寓动，是我国传统绘画以錾刻手法在金器中的再现。

北京市海淀区董四墓发现明宣德云凤纹金瓶，高13厘米，口径4.7
厘米，底径8.9厘米，侈口，长颈，鼓腹，平底，通体錾刻纹饰，口沿
部为卷草纹，颈部为小云凤纹，腹部为大云凤纹。

整体造型简洁，线条收放自如，纹饰布局丰满，图案刻画细腻。
外底有"随驾银作局宣德玖年玖月内造捌成伍色金拾伍两重外焊伍
厘"款。

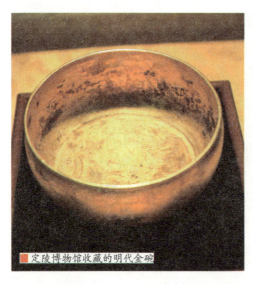
定陵博物馆收藏的明代金碗

除北京之外，南京是大明王
朝的发祥之地，在南京所在的江
苏地区，也有非常贵重而精美的
明代金银发现。

在苏州五峰山博士坞的明代
弘治年间进士张安晚家族墓中，
发现了一件金蝉玉叶，位于墓主
人的头部，同时还有银笄两件、
金银嵌宝玉插花4件，证明这件

物品是贵族女子头上的发簪。

一只形神毕肖、金光闪耀的蝉，栖憩在玉叶上。它侧身翘足，双翼略张，嘴巴微开，好似在奏鸣，透明的玉叶托着它。

金蝉蝉翼左右各二：外翼长1.7厘米，宽约0.8厘米，厚仅0.2毫米，表现了蝉翼轻而薄的特点，蝉足简化为3对，一对前足翘起，一对后足微微抬起。整个蝉体形象逼真，栩栩如生。

玉叶则长5.2厘米，宽约3.2厘米，系用新疆和田所产羊脂白玉精工琢磨而成，晶莹润泽、温柔细腻。叶片打磨细薄呈凹弧状，仅厚约0.2厘米，分为8瓣。

有主脉一根，两边各有支脉4根，叶片正面的叶脉琢成弧曲的凹槽，背面的叶脉相应搓成凸棱，使叶片极具真实感，整片叶子的边缘磋磨得圆润光滑。

金蝉玉叶的制作技术十分复杂。金蝉采用了压模铸范、薄叶延展、錾刻、焊接等工艺。玉叶汲取传统的阳线、阴线、平凸等多种琢玉工艺，抛光细腻，薄胎圆润，琢工精致，达到炉火纯青的艺术境界。整个画面构思奇巧，动静结合，妙趣横生，具有极高的鉴赏价值。

牛首山弘觉寺塔的塔底层中央有一圆洞，洞内发现了一座明代鎏金佛塔，塔高35厘米，塔置须弥宝座上，

■ 明代金盏

明代錾花金盘

座高16厘米。座正面刻有二力士像，右刻双狮戏球，左刻双鹿斗角，后刻云龙。

塔座下枋刻有题记："金陵牛首山弘觉禅寺永充供养"，背面则是"佛弟子御用监太监李福善奉施"。

鎏金佛塔有4个壶门，内有释迦、韦驮佛像，上施有相轮、十三天、宝盖、宝珠等。

塔内须弥座上布置有一组佛像，须弥座内藏有珍珠、宝石、水晶、玛瑙、玉石、骨灰等物。

整个鎏金塔安放在一个红色砂岩雕成的须弥山形基座上，正面凹下部位放银棺金棺，内有一躯铜铸镀金释迦牟尼涅槃像，方形石座的四角各放一个青瓷罐，其中一个青瓷罐内放有一颗老年人牙齿以及骨灰等物。实际上是由鎏金塔和砂石岩塔基及4个瓷罐合成一个"金刚宝座塔"。

朱棣的孙子、朱元璋的重孙明梁庄王朱瞻自，是仁宗昭皇帝朱高炽10子中的第九子，1424年被册封为梁王，1441年"以疾薨"，享年30岁，"葬封内瑜坪山之原"。

梁庄王墓中最珍贵的金银器，莫过于一件金累丝镶玉嵌宝牡丹鸾鸟纹分心。挑心之下、鬓前后口沿各簪一支者，名作分心。若再细分，则前者名前分心，后者名后分心。

明代桃形金杯

璀璨的金银

分心的造型通常为十几厘米长的一道弯弧，正面上缘一溜尖拱，中心高，两边依次低下来，适如菩萨冠或仙冠的当心部分。背面或从垂直方向接一柄扁平的簪脚，或做出几个扁管用以贯穿两端系带子的银条。

就装饰题材而言，以王母、观音等仙佛作为主题纹样，其流行大约始于明中期，此前则以牡丹凤凰等花鸟题材为多。

梁庄王墓的分心只有一件，从同出其他首饰的组合情况来看，以将它认作前分心为宜。它用金累丝做成卷草纹的底衬，正面做出嵌玉的边框和抱爪。边框周围是金累丝的花叶和18个石碗，内嵌红、蓝宝石和绿松石。

边框里嵌一枚玲珑玉——白玉碾作一幅牡丹鸾鸟图，一枝牡丹花开中间，鸾鸟一双回环左右，一只俯身昂首，一只转颈顾盼。长尾与花枝交相缠绕把空间填满。

分心之背以一根窄金条横贯为撑，中央垂直焊接一柄簪脚。与分心合作一副的还有题材与制作工艺均相一致的一对掩鬓，造型为左右对称的云朵，中心边框内各嵌玲珑玉，不过是把分心的牡丹鸾鸟图一分为二做成适形图案。

阅读链接

金或鎏金与珠宝和玉的结合，其流行始于明，并且在明代走向成熟。

金与玉的镂空作，明人喜欢称它为"玲珑"。以金累丝的玲珑衬托白玉、青玉的玲珑，金色变得内敛，玉色变得明润。红、蓝宝石营造出沉甸甸的华贵，使它依然有着时尚中的富丽和美艳。

细腻而华丽的清代金银器

明清两代金银器越来越趋于华丽、浓艳，宫廷气息愈来愈浓厚。象征着不可企及的高贵与权势。

然而，明清两代的金银器，其发展轨迹明晰可见，但其分野之界亦是如此鲜明。大体上说，明代金银器仍未脱尽生动古朴，而清代金银器却极为工整华丽。在工艺技巧上，清代金银器那种细腻精工，也是明代所不可及的。

北京是明清两代皇帝居住的地方，也是一座举世闻名的古代艺术殿堂和宝库，其中有一件乾隆时期的稀世珍宝，名为"金嵌珍珠天球仪"。

天球仪，又名浑天仪、天体仪，是古代用于观测天体运行的仪器。我国古人很早就会制造这种仪器，用它可以直观、形

清天球仪

象地了解日、月、星辰的相互位置以及运动规律。

这件金嵌珍珠天球仪是乾隆皇帝命令清宫造办处用纯金打造而成，通高82厘米，工艺精湛，极具奢华。天球仪的球径约30厘米，由金叶锤打的两个半圆合为一体，接缝处为赤道，球的两端中心为南北极。

北极有时辰盘，距赤道23度左右。赤道与黄道相交，相交点为春分、秋分。球外正立的圈为子午圈，球体上饰列星辰，位置分布得十分科学。

据乾隆年间的《仪象考成》记载，天球仪有3垣、28宿、300个星座，3242颗星。采用赤金点翠法，以大小不同的珍珠为星，镶嵌于球面之上并刻有星座的名称。比例恰当，位置准确，反映出清代我国高超的天文科技水平。

天球仪的支架成高脚酒杯状，用9条不同姿态的行龙支撑球体，上为4条头上尾下的腾龙擎住球体，下为头下尾上的倒海翻江的降龙，形成支架稳固球体，中间一龙连接上下部分，成游龙抱柱状。

9条行龙采用锤揲法，形成中空的圆雕，龙的表面则以抽丝法形成龙鳞、龙髯、龙睛的纹饰。行龙吞云吐雾，形态生动，细部錾雕精细，栩栩如生。

球仪的基座为圆形珐琅盘底座，通体以细丝盘出缠枝花纹，嵌以烧蓝和淡蓝的珐琅釉，以丰富多彩的

■ 金嵌珍珠天球仪

浑天仪 我国历史悠久，有人认为西汉落下闳、鲜于妄人、耿寿昌都造过圆仪，东汉贾逵、傅安等在圆仪上加黄道环，改称"黄道铜仪"。而最早的是东晋史官丞南阳孔挺在323年所造的两重环铜浑仪，这架仪器由六合仪和四游仪组成。633年，李淳风增加了三辰仪，把两重环改为三重仪，成为完备的浑仪，称为"浑天黄道仪"。

■ 清铜胎掐丝珐琅灵芝双耳熏香炉 珐琅又称"佛郎""法蓝"，实称"景泰蓝"，南方俗称"烧青"，北方俗称"烧蓝"，是一外来语的音译词。珐琅一词源于我国隋唐时古西域地名拂菻。当时东罗马帝国和西亚地中海沿岸诸地，制造的搪瓷嵌釉工艺品称拂菻嵌或佛郎嵌、佛朗机，简化为拂菻。出现景泰蓝后转音为发蓝，后又为珐琅。

色调改变了纯金的单调。景泰蓝座足又以4个龙首为形，采用高浮雕法，极富装饰性。底座盘上是奔腾的海水波浪，托盘中心则是指南针。

支架的9龙与底盘4龙浑然一体，顾盼有神，与底座内奔涌的海水形成群龙共舞，翻江倒海的宏伟气势，科学的严谨和工艺的浪漫和谐集于一体，珠联璧合，是一件绝无仅有的艺术珍品。

乾隆朝是清代鼎盛时期，同时期欧洲的科学技术也进入大发展阶段。乾隆也对这种新奇的西方学科产生了浓厚兴趣，而且他更热衷的是繁复华贵的钟表与灵活奇巧的机械玩具。乾隆皇帝还将科技仪器礼制化，著录在册。

这件天球仪的最大特点，一是上面的星象应该说引进了西方的星等，可以看到上面的珍珠有大有小，上面最大的珍珠象征着天上最亮的1等星，然后依次往下降，最小的是天上的6等星。从这个仪器可以看出中西方文化相互交流的特点。

再有一个最大的特点就是，该器外面看是一个天球仪，但是天球仪的球壳里面实际是钟表的机心，在天球仪顶端南部有3个孔，这3个孔放进钥匙之后经过旋拧，天球仪就可以慢慢地旋转。

这样就不仅可以看到天球仪是一个天文仪器，还能够形象地看到它不断旋转，演示出天球仪星象活动的景观。这也是乾隆时期做天球仪的一个新的发展。

此外，清代还出现了在金银器上点烧透明珐琅，或以金掐丝填烧珐琅，以及金胎画珐琅等新工艺。

这类作品在清宫和广东地区非常流行，造型华美，色调或浓郁，或雅丽，更增添了宫廷器物的富贵气息。

从风格上看，清代金银器既有传统风格的继承，也有其他艺术、宗教及外来文化的影响。正是在这种继承吸收古今中外多重文化营养因素的基础上，清代金银器工艺获得了空前的发展，从而展现出前所未有的洋洋大观和多姿多彩。

清代传世品中，亦保留了不少各少数民族的金银器。这些金银器反映了当时各少数民族的传统风俗与爱好，具有明显的地方色彩和浓郁的民族风格。

乾隆年间凭借朝廷的雄厚财力，由于深通造像技艺的大喇嘛指导和各族工匠的精工细作，使清代宫廷造像工艺水平达到18世纪藏佛艺术的最后高峰。

很有代表性的一尊藏传佛教菩萨像，由纯度很高的黄金制成，通高88厘米，且佛身与莲座皆装饰华丽，嵌珍珠宝石，雍容华贵，尽显皇家气派，应是清王朝全盛时期由宫廷的能工巧匠制作而成。

这尊金菩萨盘发束髻，戴五叶冠，冠后僧带向两侧下垂，两眉之间有白毫，白毫就是眉间的痣，是

■清代四臂观音像

智慧的标志。

这件藏传佛教佛像是清朝国力鼎盛时期的产物，它表明了藏传佛教在宫廷的影响。

清朝贵族崇尚藏传佛教，宫中多供养密宗法器，比如坛城。坛城即梵语中所称的曼陀罗，佛教密宗认为这是圣贤集会修行的地方。

清朝时期的金银器有成批的发现，多为清廷公主下嫁蒙古王公的陪嫁品，类别单一，但做工精湛。装饰品占大宗，多见头饰和手饰，纹饰有龙、凤、鹿、蝴蝶、梅花、菊花等，因器施画。

有件清金錾花扁壶，高20.3厘米，宽14厘米，厚0.5厘米，口径4厘米。八成金。体为扁圆形，圆口，直颈，扁圆腹，扁方足。

颈以回纹为地，上饰3周弦纹，两侧饰夔龙耳。腹部两面纹饰对称，均以宝相花和夔龙为主体纹饰。壶身侧面及足部亦以回纹为饰。工艺技法以錾刻为主，金壶上錾刻图案使其凸显豪华富丽。

阅读链接

清代的金银器丰富多彩，技艺精湛。其制作工艺包括了范铸、锤打、炸珠、焊接、镌镂、掐丝、镶嵌、点翠等，并综合了起突、隐起、阴线、阳线、镂空等各种手法。

同时，在清代，民间许多金银饰品在专营店已能买到，金银制品不再为上层社会和官府所垄断，说明金银器的大众化程度很高。

应该说，清代金银工艺的繁荣，不仅继承了我国传统工艺技法而又有所发展，并且为后来金银工艺的发展、创新奠定了雄厚的基础。